口ぐせ・しぐさで人の心を見抜く本

町沢静夫・監修

はじめに

「あなたは恵まれているからできる」「今の若い人ときたら」などと、グチをこぼす人がいます。

「もう年だから」と、物事から逃げる発言をする人もいます。

その一方で「俺に言わせれば」「僭越ながら」などと、自分の優位性をアピールしたがる人もいます。はたまた「さすが○○は違うねー！」と、相手を持ち上げる人も……。

これらの言葉の多くは、無意識のうちに、思わず口から出てしまう「口ぐせ」と呼ばれるものです。

こうした言葉を受けると、私たちは傷ついたり、憤りを感じたり、ときには呆れたりします。もちろん、慰められたり、嬉しい気分になることもあります。

言葉というものは、とても強力です。

私たちは幼少時代から、友達のキツイ言葉に思い悩んだり、あるいは自らの心ない発言で相手を傷つけたりといったことを重ねてきました。そして徐々に「こういうことを言えば、相手は傷ついてしまう」といったことを学習していき、大人になると、そうした言葉の使用は自重するようになります。

しかし口ぐせは、無意識に発せられる言葉だけに、そうした配慮が時として抜け落ちます。それゆえ、普通の会話を通じてよりも、言葉の威力が増すことも少なくありません。その結果、受け手側は「何だよ！」と憤りを感じたり、傷ついたりする確率が高くなるのです。

このように「こんなことを言っちゃダメだよな」といったフィルターを通さずに発せられる「口ぐせ」は、その人の性格や本音、心理状態がズバリ現れます。それぞれの口ぐせが、どんな意味合いを持つのかが分かれば、それを口にする人がどのようなタイプの人間であるかが、はっきり見えてくるはずです。

本書では「理屈っぽい系」「あいまい系」「自己アピール系」「甘え・逃げ系」「批判系」「持ち上げ・気遣い系」の六つに分類し、計92個の口ぐせをピックアップし、それぞれの性格判断を行いました。

さらに、その口ぐせに対して、どのように対応するのがベストであるかも指南しました。

そのほか本書では「しぐさ」についても取り上げています。「しぐさ」もまた、その人の性格や心理状態などが、ストレートに現れるからです。

例えば、会議で鉛筆を回す人をよく見かけますが、これは緊張状態を和らげたいがために行っているケースが多いのです。

本書では「鉛筆を回す」をはじめ、「唇をなめる」「まばたきが多い」など21個のしぐさを取り上げました。

職場の上司であれ部下であれ、友人であれ、さらには恋人や配偶者であれ、よく口にする口ぐせやしぐさがあるものです。

口ぐせやしぐさから、相手の性格が把握できれば、今後のコミュニケーションの取り方やアプローチの仕方などに大きく役立つはずです。

そして、忘れてはならないのがあなた自身です。

誰もが、よく口にする口ぐせやしぐさがあるように、あなた自身にも口ぐせやしぐさがあるはずです。

普段、無意識のうちに使っている口ぐせがないか、よく行っているしぐさがないかを、本書でチェックしていきましょう。

そして「人を不快にする口ぐせを言っているなぁ」と気づいたら、これを機に、口にするのを控えていこうではありませんか！

口ぐせ・しぐさで人の心を見抜く本

Contents

1章【口ぐせ編】理屈っぽい系の口ぐせ

2章【口ぐせ編】あいまい系の口ぐせ

3章【口ぐせ編】自己アピール系の口ぐせ

4章【口ぐせ編】甘え・逃げ系の口ぐせ

5章【口ぐせ編】批判系の口ぐせ

6章【口ぐせ編】持ち上げ・気遣い系の口ぐせ

7章【しぐさ編】神経質系のしぐさ

8章【しぐさ編】自己主張系のしぐさ

1章

chapter1【口ぐせ編】

理屈っぽい系の口ぐせ

何かといえば、
理屈っぽい言い回しを使いたがる人がいます。
「結論から言うと」「これは考え過ぎかもしれませんが」などなど、
巷にあふれる15個の口ぐせを紹介します。

結論から言うと……

「結論から言うと、そのプランは見送るべきと考えます」——。

会議などで意見を求められたとき「結論から言うと……」「結論を言うと……」と、自分の考えについての結論をまず話そうとする人がいます。

このセリフのあとで「なぜかといえば……」と、その理由をじょじょに明らかにしていく……。まるで、田村正和が演じた警部補・古畑任三郎のような雰囲気が漂ってきます。この口ぐせを言う人は、ほぼ間違いなく、自分の結論に自信を持っています。自信がなければ、真っ先に結論を言おうとはしないはずですから。

また「俺の結論はすごい！」と思っているわけですから、その結論に対して「話し合いの場」をあまり持ちたがっていません。聞く側は、この点を考慮しなくてはいけません。話の途中で「ちょっと待って！」と口をはさんでしまっては、二人の関係をギクシャクさせてしまう危険性があります。途中でさえぎることなく、話し終わるまで耳を傾けてあげましょう。

聞き終わった時点で、もし、その結論に納得がいかなければ「その結論は素晴らしいですね！　でも、私はこうも思うんです」と言い返せば、相手のプライドは傷つきません。

なお、人によっては「結論から言うと……」のあと、その根拠を示さずに、突き進もうとするかもしれません。

このときは「なるほど。ところでその結論の理由について、もう少し細かく説明してくれませんか」と言って、相手に「結論の理由を言ってませんよ」ということをサラリと伝えるとよいでしょう。

傾向と対策

自分の結論に自信を持っているため、途中でさえぎってはダメ！
最後まで耳を傾けてあげよう！

あなたのために言うけど

ストレートに言えばいいところを、わざわざ「あなたのために言うけど」と前置きを付けてから「最近、サボり気味じゃない!?」と話を切り出す人がいます。

ストレートに言ってくれれば、耳を傾ける気にもなりますが、この前置きがつくと、どこか胡散くさーい気持ちを抱いてしまいます。

なぜ、胡散くさいのでしょうか。言われた側からすると「相手は自分よりも上の立場」と思っているように見えるからです。たとえ、相手がそうは思っていなくても、です。

例えば、同僚から「お前（あなた）のために言うけど、もう少し仕事に取り組む姿勢を正した方がいいんじゃないか」と言われたら、どう感じますか？「ちょっと上から目線だよなー！」って感じちゃいますよね。

なお、人によっては「あなたのために」の裏に「私のために」という思いを隠しているケースもあります。前述の「仕事に取り組む姿勢」についても、「お前がしっかりやってくれないと、俺に迷惑がかかるんだよ」という気持ちを抱いているかもしれないのです。

この口ぐせへの返し方はいくつかあります。その内容が本当に自分のためを思って言っているものであれば「ありがとう」と素直に答えるべきです。また他愛のないものであれば、これも「ありがとう」と返しておきましょう。

しかし、自分に不利益な内容であれば「アドバイスとしてはありがたく参考にするけど、自分で考えてみるよ」と、その内容を受け入れない姿勢を示すべきでしょう。

マイナス要素ばかりが見えてくるこの口ぐせですが、本当に心配するあまりに「あなたのために言うけど」と前置きをつける人も、なかにはいます。例えば、母親はその一人と断言できます。そんなときは、素直な気持ちで耳を傾けなければいけません。そのことを最後に、あなたのために言っておきます――。

傾向と対策

「私のために」という思いが込められているかも。自分に不利益な内容であれば、受け入れてはダメ！

みんなが言っていることだけど

自分の背後には、多くの賛同者がいることを主張しながら、自分の意見を述べようとするのが、この口ぐせです。「みんな」には実態がなく、想像上の人物の寄せ集めであるケースがほとんどです。

よく子どもが「あのゲーム買ってよ！ みんな持っているもん！」と、親におねだりをする場面を見かけます。その親が「みんなって誰⁉ 言ってみなさい」と問いただせば「田中くんと真弓ちゃん……。み、みんなだよ、みんな！」と、くちごもってしまう。それと、まったく同じです。

この口ぐせを言う人は、自分が言いたいことをみんなが言っている形に置き換えることで、自分が攻撃されるのを避けようとしている可能性があります。その点で、まったく責任を持たない発言だと言えます。

何か反論すれば、「あくまでもみんなの意見ですから」と逃げようとするかもしれませんね。

この口ぐせは、一見すると自分の意見に自信がないときに使われると思いがちですが、そうとも限りません。もし自信がなければ、こんな目立つ言い方をするはずがありません。自信はあるけど、そのままでは押し通すことが難しいため「みんなが言っていることだけど」という前置きをつけているのです。

しかしながら、この口ぐせはけっこうな力を発揮します。うわさに大きく左右される日本人には、効果テキメンなのです。

しかし「みんな」という部分に具体性がなさそうであれば、きちんと「みんなって誰？　具体的に教えて」と質問するべきです。すると、冒頭の子どものように、相手は「え!?」とうろたえるかもしれません。とはいえ、そのまま放っておいてはダメ。その意見がいいものであれば「でも、いい意見ですね。もっと聞かせてほしい」と伝え、相手の劣等感を和らげてあげましょう。

傾向と対策

「みんな」に実態がない可能性も高い！
「みんなって誰？」と問いただすことも、時には必要

つまり、あなたがおっしゃりたいのは

深夜の討論番組などで出演者の話が長引いたとき、司会者がこう発言することがあります。「つまり、あなたがおっしゃりたいことは……」――。

この言い回しを聞くと「お、頭良さげだ」と感じるもの。ところが、その後の話をよく聞いてみると、的確なときもあれば、そうでないときもあったり……。そうなのです。この言い回しは、使う人の力量がはっきり表れるのです。

力量が一番強く感じられるのは、まとめ上手の進行役が使うケースでしょう。みんなの言っている話を的確に要約し、話を前へと進めます。

冒頭の例でいえば、複数の出演者が「円高を傍観し続けているからいけないんだ」とダラダラとぼやいたら「つまり、皆さんがおっしゃりたいことは、政府が介入すべきということですよね」と言って、話を先に進めるのです。

また、気を利かせた人が一旦話を区切るために使うケースも力量の高さを感じることができます。

ある発言者の話があまりにズレまくり、みんながうんざりしているような場合、「その話、つまんないからやめようよ」と言ったら、あまりに露骨で喧嘩になってしまう。そこで、この言い回しを使って結論を導いてあげれば、言われたほうはそれ以上話を続けることができません。いわば、やんわりと話を止めるテクニックと言えます。

厄介なのは、「つまり、あなたのおっしゃりたいことは……」と言いながら、相手の真意を汲み取らず、自分に都合のいい解釈を強引にしてしまう人。そんな人に限って、「私はこう考えるんですが……」と話を延々と続けます。自分の意見を言いたくてウズウズしていて、そのきっかけを虎視眈々と狙っているからです。そんな人が一人でも混じっていると、討論も荒れ放題。それを止めるにはこちらもその人に対して「つまり、あなたがおっしゃりたいのは」作戦で！

傾向と対策

みんなの言うことをまとめて先に進めたいときに使われるケースが多い。この場合はあえて反論する必要はない

これは考え過ぎかもしれませんが

新製品のプロジェクト会議。価格設定の議論に入り、低価格勝負という方針が打ち出されたとき、おもむろに手を挙げ、こんな風に切り出す人がいます。

「これは考え過ぎかもしれませんが、競合A社が追随する可能性も視野に入れるべきではないでしょうか」——。

この言い回しを使う人は、かなりの慎重派です。いろいろな可能性を先回りして考えられる人で、多数派の意見に流れがちなときに、敢えて少数派の意見を言ってみる。それがスパイスのように効き、「なるほど、そういう意見も踏まえて練り上げていこう」と議論も引き締まるというわけです。

また、相手にとってあまり良くない話や耳の痛い話を告げるときにも、使われるケースがあります。相手を傷つけまいとする配慮を持ち、細やかな神経を持った人が使う傾向にあります。

しかし、なかにはマイナス面を言いたいがために、この言い回しを使う人もいます。冒頭の例でいえば「これは考え過ぎかもしれませんが、今さら低価格で勝負しても、消費者は見向きしてくれないのではないでしょうか」といった具合です。それまで出ていた意見を根本から否定してしまっていますよね。

しかも、わざわざ「考え過ぎかも」という断りを入れているため、周囲は否定しにくい空気が漂います。途端に、素晴らしいと思っていたアイデアも、色褪せて見えてしまい、ネガティブな意見ばかりに……。

この言い回しを使って、マイナス面を強調する人は、深読みをするのが大好きといえます。悪く言えば、猜疑心の強い人。物事を前向きに捉えることができず「今までの経験上、きっと無理に違いない」と不安が募り、マイナス面ばかりに目を向けるのです。このような発言を受けたら、一つの意見として聞く程度で、影響され過ぎないことが肝心。それこそ「考え過ぎない」こと。慎重派か、猜疑心が強いかは紙一重。この言葉が言われた状況や話の流れを見て判断しましょう。

傾向と対策

物事に対して慎重な人が使う傾向にあるが、なかには猜疑心が強い人も。その場合は、一つの意見として聞く程度にとどめる

極論を言えば

議論が伯仲しているとき、こんな言い回しで持論を展開する人がいます。

「極論を言えば、人生は失敗があるから楽しいんだよ。だからさ……」——。

極論とは、極端な言い方や論じ方をすること。もともとあまりいい意味ではありません。それを自ら言う場合は、「そのものズバリを言い表しているわけではないんですよね。あくまでも極端な例ですから」と断りを入れるようなもので、ちょっとへりくだった言い方になります。

それでも、物事をオーバーにたとえることで、かえって「なるほど、そういう見方も面白い」と説得力を持つ場合があり、うまく言い表せた場合など知性を感じる表現になります。

一方で、気の強い人が、持論を強引に展開したいとき、戦略的に使うケースもあります。「極論を言えば」と言って、みんなの気を引こうとするわけです。その人の本音は「極論」そのものにあり、「オレの言うことを聞いてほしい」という強い気持ちが根っこにあります。その点で、かなり自己主張の強い人と言えるでしょう。

たとえば、鳩山由紀夫氏なら、この言葉はまず使わないでしょう。なにしろ〝友愛〟の人です。いたずらに波風立てず、いろんな人の言うことに耳を傾けるタイプです。

一方、菅直人氏ならこれを言ってもおかしくありません。「イラ菅」のあだ名を持ち、かつては厚生労働省の役人ともやり合い、かなりの短気とも伝えられる政治家。「極論を言えば……」と話す姿を想像すると、あまりに似合いすぎで笑っちゃいます。

そんな人に対しては、感情的にぶつかっては損です。「では、もうちょっと現実的な話をしましょう」と言えば、相手も肩透かしを食らった気分に。「極論は極論ですから」と軽くいなしてあげましょう。

傾向と対策

気が強い人がついつい使う場合もある。そんなときは、「現実的な話を」と軽くいなそう

何度も言うように

「何度も言うように、重大な案件については、まず部長に相談しろ！」――。

上司が部下に対して、こんな言葉を言うようになったら、ほぼ怒っている、と見ていいでしょう。

普通に考えれば、何度も同じ失敗を繰り返し、その失敗がさっぱり無くならないようなケース。このとき出て来る「何度も言うように」の言葉には、「いい加減にわかれよ」という怒りがこもっています。

どんなに穏やかな話し方をしていたとしても、怒りが表に噴出してしまったという状態。しかも、その原因は言われた側にある可能性が高いといえます。即刻、態度を改めなければいけません。

一方、相手が何度も失敗しているわけではないのにもかかわらず、この言い回しを使う人も、なかにはいます。

多くの場合は、発言者の勘違いのケースがほとんど。やんわりと「初めて聞き

ました」と伝えれば「そうだったか。まぁ次から気をつけろ」と口にし、一見落着となるはずです。

ただ稀に、ワザとこの言い回しを使う人もいます。頭ごなしに言うことで、相手に「俺は何度も言われていたんだな」と思い込ませようとする魂胆がそこにはあります。ですから、言われた側は「本当に何度も言われたかな」と振り返ることです。

もし相手の魂胆が見えたら「多分初めて聞いたと思います」とやんわり否定しておきましょう。

傾向と対策

穏やかな口調でも、怒りがその言葉にこもっています。
即刻、態度を改めましょう

○○さんも言ってたけど

裁判所に提出する意見書には「アメリカの精神医療の権威・○○が言うには」などと、権威ある人物の名前を挙げつつ、自分の意見をまとめるケースが多くあります。権威があればあるほど、裁判長の心証がよくなることも少なくありません。自分の意見を述べるときに「○○さんも言ってたけど」とつけ加えるのは、この意見書の例とまったく一緒。○○さんのステータスを借りて、自分の意見に説得力を持たせようとしているのです。

例えば――。

「ツイッターブームも終わりだね」

「ホリエモンもブログで言ってたけど、ツイッターブームも終わりだね」――。

どうでしょうか。言うまでもなく、後者のほうが説得力ありますよね。「○○さんも言ってたけど」は、自分の意見に重みを持たせる重要な役割を果たしているのです。「人の意見に頼るなよ！」と批判したがる人もいますが、それはちょっと間違った解釈であることが分かると思います。

この言い回しを使うことで、自己主張の度合いを薄めることもできます。「木村部長も言ってましたが、私もこのプロジェクトには反対します」と言えば、プロジェクト反対の〝主〟が二人になるからです。

ただし、この言い回しを使う場合は、三つのことに注意を払わなければいけません。まずは、その「意見の内容」です。あまり重要でもない意見に「○○さんも言ってたけど」とつけ加えれば「そんなこと言うのに、人を持ちだすなよ」と思われてしまいます。二つめは「頻度」です。意見を言うたびに使っていたら「自分の意見に自信のないヤツ」というレッテルを張られる可能性が高くなります。

最後は「○○さん」のセレクションです。例えば「田代まさしが言ってたけど」と言った具合に、誰からも評価されていない人物を挙げてしまえば、逆に説得力はガタ落ちになるので要注意！

傾向と対策

重要度の高い意見に説得力を持たせたいときに持ちだす言い回し。決して、人の意見に頼り切っているのではない！

一番〜

「あいつは切れ者だよね」と感心していると、それを受けてこう言う人がいます。

「彼は一番頭がいいよ」――。

そうです。「彼は頭がいいよ」とだけ言うのではなく「一番」を付ける人です。普段の何気ない会話の中でも、この「一番」を耳にするケースは少なくありません。

「あなたはどれにする?」

「うん。私はあれが一番いい」――。

このように「一番」を付けたがる人は、多くの場合、序列を付けるのが好きな性格といえます。物事に対しいつも「あの人は一番」「あの人は二番」と順位を付けており、一番に対して相当の憧れ・こだわりを持っていると考えられます。

もちろん自分自身も一番になることを望んでおり、その点で負けず嫌いの側面もあります。序列が好きという点で、融通性に欠けるという一面も。

こうして見ていくと、マイナス面だけがクローズアップされてしまいますが、一番への憧れがあるということは「向上心のある人間」という見方もできます。「一番」を多用する人の性格を推測する場合は、このプラス面も見逃してはいけません。

この「一番」を使う人に対しては、特に言い返す必要はありませんが、第三者に対して、やたらと「あいつは一番」などと序列を付けている場合は、やんわりと否定する必要もあります。物事というものは、そう簡単に順位付けをすることはできないからです。

冒頭の「彼は一番頭がいいよ」という発言についても、別に客観的なデータを取って言っているわけではないでしょう。あまりに度が過ぎる場合は「まぁ、一番か二番かは分からないけれど、あいつは優れているよね」と言って、相手に対してやんわりと注意を促すことも、ときには必要です。

傾向と対策

序列をつけるのが好きな人間が使う口ぐせ。度が過ぎる場合は、やんわり注意！

頼むよ

急きょ、やることになった仕事。上司が部下に向かって、こう言い放つときがあります。

「佐藤君、これ頼むよ」――。

普通に打診する気持ちで「佐藤君、悪いけど、この仕事やってもらえないかな」と言えばいいものを、あえて「これ頼むよ」という言い回しを使うのは、なぜでしょうか。

多くの場合は、その部下に期待したうえで「お前に任せた！」という気持ちが「頼むよ」という言葉になって表れています。

しかし、なかには自分の優位性を保ちたいがために、この言い回しを使うケースがあります。

本来は人に頭を下げたくはないんだけど、どうしても頼むしかない。とはいえ「やってもらえないかな」では、相手への依存心が明らかになり、何となく惨めな気分になってしまう。この点「頼むよ」であれば、頼んでいるのにもかかわらず、妙な威厳を出すことができる――。

このように「頼むよ」は、優位性を保ちつつ、頼みごとをしたいときにぴったりの言い回しなのです。自尊心の強い人が使いたがる傾向にあります。

もし上司から「頼むよ」と言われたら、素直に聞くしかありません。「ほかの仕事と重なってしまっていて……」などと断るのは、とても勇気がいるはずです。そういう意味では、相手に威圧感を与える言い回しともいえるでしょう。たとえ「お前に任せた！」という気持ちで使ったとしても、相手に「威圧的だなぁ」と思わせてしまう可能性は否めません。

もし、あなた自身が「頼むよ」という言い回しを使っている場合は、相手に威圧感を与えないような口調を心がけてください。もし、それができないのであれば、この言い回しは避けた方が無難かもしれません。

傾向と対策

自分の優位性を保ちつつ、頼みたいときにぴったりの言葉。使う側は、相手に威圧感を与えることを理解しておくべき

絶対に〜だ

「村上君、例の案件、大丈夫か？」

「はい。絶対に大丈夫です」――。

あなたの周りにも「絶対」という言葉を頻発する人、いますよね。そして、この言葉を使う人に限って、まったく大丈夫じゃなかったりしませんか？

なぜ大丈夫じゃないのかといえば、「絶対」を頻発する人は、そもそも、その事柄に対して自信を持っていないからなんです。

自信がないからこそ「絶対」という言葉を使って、自分自身を鼓舞し、ハッパをかけているのです。あるいは「絶対」と口から出すことで、自分自身を納得させようとしている可能性もあります。そういう意味で〝弱気〟な人という側面もあります。

しかし、いかんせん自信がないため、いくら自分にハッパをかけても、結局、失敗してしまうわけです。

また、自分の意見を押し通したい気持ちから「絶対」を使う人もいます。「絶対」という絶対的な言葉で押し切れば、相手は反論せずに、納得してくれるだろうという心情です。自己中心的な面が強いといえます。わがままな性格とも言えるでしょう。自分の発言に周囲がうなずいてくれないと納得できない、ちょっと困った人です。

こういう人は「根拠は？」と返されてしまうと、途端に口ごもってしまう傾向にあります。論理でこられると、きちんと反論することができないのです。

このように「絶対」という言葉は、あまりいい印象を与えない言葉です。ちょっと冷静になれば、この世界に絶対なんてことは存在しないことは、誰でもわかります。それだけに、あまり頻繁に使うのは避けたほうが無難です。

もし120％の自信を持っているのであれば「絶対」などという陳腐な言い回しは持ち出さずに「○○だから大丈夫です」という根拠を示すべきです。

傾向と対策

自分の意見に自信がない人が自分にハッパをかけるために使うケースが多い。しかし、いい印象を与える言葉ではない

要するに

話がついつい長過ぎて、要領を得ないと自覚したとき、こんな一言が助け舟になることがあります。「要するに、君の言いたいことって……」――。

これを口ぐせにする人は、三つのタイプに分かれます。

一番多いのは、物事を論理的に考えられる冷静なタイプです。

誰だって話に熱中するあまり、脱線したり、枝道に逸れたり、「あれ？何の話をしていたんだっけ？」と考えるときがあるもの。そんなとき「要するに」と言って、いったん入り組んだ会話を立ち止まらせ、話の交通整理をしてくれ、明確な説明をしてくれる人は、とても頼りになる存在。会議をするときの進行役にはもってこいです。

二つめは、自己主張の強いタイプ。論理的な説明ではあるものの、「要するに」と連呼し過ぎて、相手の話の腰を折ってばかり。実は「オレの言うことを聞いてほしい」というアピールをしたい困ったタイプです。そんな人には、「なるほどね」

「わかりやすいね」と相手の言うことをちゃんと聞いているという姿勢を示せば、そのうち満足し、「要するに」連呼は止むでしょう。

もう一つ、ごく少数派ですが、見栄っ張りなタイプもいます。「要するに」という言葉は、周りの注意を引きつけ、何かもっともらしい説明をしているという知的な印象を与えることができます。本当はよくわかっていないのだけど、見栄から、「自分はわかっている」ことを相手に伝えたいというときに、効果的な言葉なのです。

そんな人に、「もう少し短く言ってもらえませんか」「よくわからないので、もっと簡単に言ってもらえませんか」と言うと、答えに詰まってしまうはず。

その人にとって、「要するに」はいわば時間稼ぎの言葉である可能性があるからです。考える時間が必要なのです。ちょっとイラっとするかもしれませんが、答えが出るまで温かい目で待ってあげるといいでしょう。

傾向と対策

理屈で物を考えるタイプが多い。明確な説明をしてくれるときは、会議の進行役にぴったり

今だから言うけど

残業が終わり、ちょっと飲みにでも行こうかと同僚三人で入った居酒屋。生ビールで乾杯したあと、話題はいつしか「今日発表された土屋部長の新規プロジェクト」について――。そんなとき一人の同僚がこう切り出します。

「今だから言うけど、土屋部長のプロジェクトの件、五か月前から知っていたんだ、俺」――。

このちょっともったいぶった言い回しからは「皆は知らなかっただろうけど、俺は知っていたんだよ」という優越感が漂ってきますよね。

その通りです。この発言者は、この優越感を味わいたいがために、こうした発言をしているケースがほとんどです。

それだけではありません。感謝されたい気持ちも混ざっている場合がありす。冒頭の例で言えば「俺は知っていた。だけど言えない事情があり、今まで黙っていたんだ。そのことに対して褒めてほしい」という心情です。

こうして見ていくと、マイナスのイメージばかりが目立ちますが、その発言内容がすごいものであれば「へぇ」という気持ちになる可能性もあります。それに「今だから言うけど」と言われて「ふざけるな」という気持ちになることもありませんよね。ここは「そうなんだ」と言ってあげて、相手を満足させてあげればいいのではないでしょうか。

もしかしたら発言者は「俺だけが知っている」というプレッシャーの月日を送っていたのかもしれないのです。今日この時点で、そのプレッシャーから解放された気持ちも汲んであげましょう。

だからといって「今だから言うけど」という言い回しについて「じゃぁ、どんどん使おう」と思うのは、少々早合点が過ぎます。その発言内容が取るに足らないものだったら、聞く側は「そんなこと別に言わなくもいいよ」と思います。そのあたりはしっかり考慮しながら、使うようにしましょう。

傾向と対策

優越感を得たいために使うケースがほとんど。
ここは「そうなんだ」と聞いてあげよう

早い話が

「鈴木課長、俺の企画にいろいろ文句並べてくるんだよな」

「早い話が〝だめ〟ということなんだよ」――。

このように、ある発言を受けて「早い話が」というセリフを使って、答えようとする人がいます。そこには「今からコンパクトに短く結論を言うから注目してね」という気持ちが込められています。

「早い話が」という言葉の強さを使用するという点で「逆に言うと」（112ページ参照）ととても似ている言い回しでもあります。

実際、冒頭の例を「逆に言うと」に変えても、まったく違和感がないことに気づくのではないでしょうか。

「逆に言うと〝だめ〟ということなんだよ」――。

このように似ている二つの言い回しですが、「早い話が」を使うときには、ある点に注意を払う必要があります。それは、そのあとの話題を「コンパクト」にしなければいけないという点です。

もし「早い話が」のあとが、だらだら続いてしまえば、聞く側は「全然早い話じゃないじゃん」という気持ちを持ちます。

このセリフは、人の心証を悪くする要素は何一つありません。そのため口ぐせとして頻発しても特に問題はありませんが、コンパクトにまとめることは肝に銘じてください。

一方、この言い回しを、話がムダに長い人に向けて使うケースもあります。例えば、会議でダラダラと意見を述べている人がいる場合、上司がこう言い放ちます。「おい林君、早い話がどういうことなんだ?」――。

このように「早い話が」と指摘を受けたら「自分の話は長いと思われている」「まとまりがないと思われている」と反省すべきです。話をコンパクトにまとめあげましょう。

傾向と対策

注目を浴びたいがために使うケースがほとんど。
使うときにはコンパクトにまとめるのが重要

平たく言えば

「あの国際問題に関しては慎重論が噴出して政府の指示が遅れた……。平たく言えば、弱腰外交ってことだよね」

難しい問題を平易にわかりやすく言おうとするときの「平たく言えば……」は、非常に丁寧な言い方です。しかも、気遣いが込められています。

例えば同じような意味でも、「やさしく言えば」や「もっと簡単に言うと」と直接的に言った場合、「あなたはあまりわからないだろうから、私がやさしく言ってあげる」と上からモノを言っているようにもとられやすく、言われた方は、「見下された！」とカチンとくる可能性もあるのです。

しかし、「平たく言えば……」というと、まさにその言葉どおり。誰も傷つけることはなく、事実だけを伝えることができます。これを上手に使える人は、相手の立場に立って考えられる、思いやりのある人とも言えます。

世の中では「同じ意味でも言い方一つだよ」とよく言われますが、これなどそ

の典型。ほんのちょっとの違いなのに、受け取るニュアンスが一変する。学校ではなかなか教えてくれない言葉です。もし、あなたが今まであまり使っていない言葉だったら、覚えておいて損はないでしょう。

もっとも、当然ですが、「平たく言えば……」と言ったあとの説明が平易になっていなかったら台無し。逆に「わかりにくいので、もうちょっとわかりやすく説明してもらえませんか?」と聞き返されたり……。読解力も知性も求められる一言なので、使うシチュエーションには十分気を付けましょう。

傾向と対策

相手への思いやりを持った言葉。あなたも覚えておいて損はない

2章

chapter2【口ぐせ編】

あいまい系の口ぐせ

ストレートに言わずに、オブラートに包み込みたいとき、
つい口から出るのがあいまい系の口ぐせです。
「よくも悪くも」「私的には」など17個の口ぐせを紹介します。

よくも悪くも

「今の総理は、やることがブレまくっているよな」と言われたとき「ほんとブレまくりだよ」と同調するのではなく、こう返す人がいます。

「まぁ、よくも悪くも日本の総理大臣だよ」――。

この「よくも悪くも」には、批判の意味合いは若干込められてはいるものの、その一方で「悪いとは言い切れない」という思いも、言葉となって表れています。

いろいろな物事について「真ん中を取って理解しようよ」と、妥協を好む人が使いたがる言い回しです。

「よくも悪くも」は、悪いと断言していないという点で「責任逃れをしている」とひきょう者扱いをしたがる人もいますが、性格上、極端な判断を嫌う人はたくさん存在するものです。

ズバリと判断しないことで、感情的なこじれをほぐすこともできます。例えば「あの人、悪いウワサ話ばかりしているよな」と言われたときに「最悪だよ」と

言えば、その発言がその人の耳に入ったとき、ややこしい事態になります。

しかし「まぁ、よくも悪くも日本人だよ」と言っておけば、トラブルには発展しません。その意味で、品のいい言葉でもあるのです。

だからこそ「よくも悪くも」という言葉が口ぐせの人に「いいのか、悪いのか、どっちなんですか⁉」「あなたはいつも曖昧な答え方をするよね」などと問いただしてはいけません。「こういう人もいるんだな」と理解して聞いてあげましょう。

傾向と対策

妥協を好む人が使う傾向にあるが、悪いと言わない点で品のいい言葉でもある。「どっち？」と問いただす必要はない

ビミョー

「あいつ、自分で誘っておいて割り勘なんだ」

「ビミョーだな」

「結構ケチだと思わない？」

「ビミョーだな」

「お前はどう思う？」

「ビミョーだな」――。


世の中をすっかり席巻した「ビミョー」の言葉たち。今やこの言葉一つあれば会話が成り立つほどに――。

基本的には、良いか悪いかの明言を避けるときに使用する言葉。相手と考え方が違ったり、感じ方が違うとき、些細なことでいちいち対立していてもしょうがない。そこで、「ビミョー」が活躍するというわけです。そんな人は、場の「空気」を読む能力が高く、危険察知能力も高い。はっきり言うことで相手を傷つけたくない、という思いやりもあります。

例えば芸人でも「ビミョー」を多用する人はいますが、ビートたけしであれば、絶対こんな言い方はしません。白黒はっきりさせ、毒舌が芸風にもなっているタイプだからです。しかし、タモリなら、これを言っても不自然じゃありません。周りの反応を敏感に感じとる共感性が高いからです。

ただし、使い方を間違えると大変なことになります。たとえば、会社の方針を決めるような重要な会議で「それってビミョー」なんて言おうものなら、「ビミョーで済まされる問題じゃないんだよ！」と怒られるのがおちです。

曖昧に済ましても大丈夫な、「ビミョー」で済まされる問題だからいいのです。「ビミョー」と言われたら、相手に対して「はっきり言えよ」と言うのは場違いなこと。相手の表情や話し方のニュアンスでなんとなく察すればいいだけ。会話の潤滑油として楽しみましょう。

傾向と対策

相手には明言を避けたいという気持ちがある。
だから、敢えて白黒付ける必要はなし

どちらかと言えば

「A案かB案か、新商品のキャンペーン企画としてふさわしいのは、どちらだと思う?」

そう聞かれて即答するのではなく、一拍おいてこう答える人がいます。

「どちらかと言えば、B案でしょうか」——。

この言い回しを好む人の大半は、穏やかな慎重派。自分の意見はちゃんと持っているものの、「いろいろ意見はあるかと思いますが、私の意見も聞いてください」というニュアンスを伝え、自分と反対の意見も尊重する。そんな気遣いがあります。そもそも世の中には白黒はっきり決めづらいことはたくさんあります。それを正直に答えているとも言えるのです。そんな人の意見には、しっかり耳を傾けるべきです。

ただし、なかには、自分の意見をちゃんと持たず、イエス、ノーをはっきり言えない優柔不断な性格で、こう言ってしまうケースもあります。

その人が最も怖れているのは、自分の主張が反論され、他人から攻撃されることです。そのため「どちらかと言えば」とオブラートに包みながら、巧妙に断定することを避け、イエス、ノー、どちらつかずの場所にいて、攻撃を避けようとするわけです。いわば、安全中心主義の「守りの人」とも言えるでしょう。具体的な人物像を思い浮かべれば……。やはり、鳩山由紀夫氏の〝友愛の人〟がイメージに近いでしょうか。

そんな気の弱い人に向かって「どちらかじゃなくて、どっちかだろ。ちゃんと本音を言えよ」なんて言ったら、怖じ気づくだけです。争い事を最も好まないタイプなのですから。

そこでは、相手の気持ちに寄り添うことが大事。「そりゃそうですよね。どちらかは決めにくいですよね」と共感し、話しやすい場をつくる。そうすれば、相手も安心し、自分の考えを話し始めるはずです。

傾向と対策

大人の対応ができる穏やかな慎重派がほとんど。しっかり耳をすまそう

私的には

会議で自らの意見を促され、こう答える人がいます。

「私的には、販促活動よりも商品の見直しが先決だと思います」——。

通常であれば「私は」と言えばいいのに、あえて「私的には」と「的」を加えた言い回しを使うのは、なぜでしょうか？

多くの場合は「主張を和らげたい」からです。

「私は」という言葉を使うと、どこかガムシャラに主張を押し出したい雰囲気が漂ってきます。しかし「私的」と言えば、主語に「私と同類の人たち」が入ってきます。「的」を付けると「私個人」ではなく「私のような一群」というニュアンスになるのです。

自分の意見として責任を持って発言するのではなくて「私的」という分類があり、そういうタイプの一員が導き出した意見です、という意味を込めることができるのです。

昔から「謙譲の美徳」が尊重されてきた日本では、自己主張は避けた方がいいという風潮があります。

その風潮には「的」がぴったりなのです。また、一歩引いた控えめな印象を与えることができるため、さりげなく頭の良い知的さも演出できます。

なお「的」と似た言葉としては「系」もあります（74ページ参照）。「草食系」「肉食系」といった使われ方をされますが、こちらも、分類しまとめるという点で「的」と同じ意味合いと考えていいでしょう。

傾向と対策

「的」を付けると「私のような一群」というニュアンスに。主張を和らげたいときに使う言い回し

いちおう〜です

「昨日指示していたレポートできてる？」
「いちおう、やりました」
「今朝頼んでおいた見積書送ってくれる」
「いちおう、送ります」――。

日本語には物事を曖昧にぼかすこんな言葉があります。特にサラリーマン社会では頻繁に耳にする言葉ですが、なぜ、キッパリと言わず「いちおう」という枕詞を付けてしまうのでしょうか。それは自信がないからです。

誰でも苦手な仕事はあるものです。そういう仕事に取り組む場合、常に心の中は「大丈夫かなぁ」という不安の気持ちを抱き続けているものです。この状態では、たとえ仕事を終わらせても不安は消え失せていません。そんなときに出る言葉――、それが「いちおう」なのです。

この言葉には、「ひととおりはやった」という意味と、「まだ完璧じゃない」という意味の両方が含まれています。やり終えた仕事に不安を抱いている人の心情を見事に表した言葉といえます。「できたけど、完璧じゃないかも……」という言い訳の気持ちです。まぁ、プライベートのシーンでは、こんな曖昧な言葉でもいいかもしれませんが、厳しいビジネスの世界でいつもこんな態度で臨まれたら、たまったものじゃありません。例えば、プレゼンを控えている重大な企画書に「いちおうやりました」なんて言われたら……。

もし部下などに「いちおう」と言われたら「ちゃんとやったの?」の一言を返しましょう。イエス、ノーで答えられる質問をするのです。そうすれば相手は、どちらかの反応を示さなければならなくなりますから。

ただし、相手は気が弱い人です。あまりに強く説教すると、自分の殻に閉じこもってしまうことも。そんな気配を察したら「一緒にやってみようか」など、フォローをしてあげる気持ちも忘れないでください。

傾向と対策

自信がないケースで出る口ぐせ。ビジネスの現場では「ちゃんとやったの?」と返すことも必要

なんとなく

日本的で曖昧な言葉。その極めつきは「なんとなく」ではないでしょうか。何か理由を聞かれても「なんとなく正しいと思うけど」「なんとなくうまく行かない気がする」と、物事をぼやかす言い方をよく聞きます。

「いちおう」(54ページ参照)と同じように見えますが、ちょっと違うのは昔から私たち日本人に馴染んでいる言葉、ということです。

それこそ枕草子の時代から、断定しにくい微妙なニュアンスや気分を表すことは日本人の得意技。曖昧さ、ファジーなものを好むという感性が受け継がれてきました。「なんとなく」、少し丁寧に言えば「何とは無し」は、言い表しにくいことを表現する知恵でもあったのです。

また、直接的に言わないことで対立を避けるという働きもあります。

例えば「お前、上司の近藤さんのこと『最後まで責任を持たない人』って思っているんだろ」と言われて「なんとなく、だよ」と言えば、その批判を薄めることができます。はっきり言えないのではなく、はっきり言ってしまっては問題になったり、取り返しのつかないことになる場合、こう言うわけです。

『男はつらいよ』の寅さんも言っていたではないですか。「それを言っちゃあ、おしめえよ」と……。日本人の美学と言ってもいいでしょう。

そのため、「なんとなく」には自己弁護の気持ちがあると同時に、深読みをすればその人の価値感を示しているときもあるのです。

「物事はそんなに割り切って考えられるものじゃなく、もっと微妙なもの」。さらに言えば「すべて割り切る現代的な考えは嫌だよね」。その主張がさりげなく、「なんとなく」には含まれているのです。

そんな人に対して「もっとはっきり言って」というのは野暮なこと。その人が「なんとなく」と言った意味がなくなってしまいます。曖昧に済ませたいと思っていることは曖昧に済まして微妙なニュアンスを掴む。それが大人の対応です。

傾向と対策

曖昧に済ませたいという気持ちの表れ。
そんな時は、言外に漂う微妙なニュアンスを感じ取る

……みたいな

友人との会話中「ねぇ、どんな料理が食べたい？」と聞かれたとき「イタリアンみたいな」と語尾に「みたいな」という飾り言葉をつけて答える人、いますよね。

なぜ「イタリアンが食べたい」と言わずに「みたいな」を付けるのでしょうか。それは断定を避けようとしているからです。はっきり断言すると、それはその人の意見となります。それを嫌がる人が、使いたがる言い回しです。

断言をしてしまうと、相手が違う意見を持っていた場合、対立してしまう可能性が出てきます。しかし「みたいな」をつけると、その発言には曖昧さが残り「この発言は自分の絶対的な意見ではない」というニュアンスとなり、対立を避けることができるのです。こうした気持ちを持っているのですから、言われた側は、あえて「どっちよ？」などと問いただしてはダメです。相手の意を汲み、争うことのないように接してあげるのが大人の対応といえます。「じゃあイタリアンに

しようか」と言えばいいのです。

ところで、あえて付ける必要のないところにも、いちいち「みたいな」を付けて、ひたすら断言を避け続ける人もいます。これは自分の意見を言うことに、相当の怯えを持っていることが考えられます。

もし、あなたの友人が「みたいな」を連発しているのであれば、その意見に対して「うん、いいね」と受け入れてあげることが大切です。そうすることで、相手の人間関係に対する不安は少しずつ解消されていくはずです。

傾向と対策

断言することを避けている可能性が高い。
そんな相手の意を汲み、争うことのないよう接してあげよう

あのー

「あのー、その件についてですが、あのー、今弊社のなかで、あのー、色々と話し合いが行われましてて、あのー、少々ゴーサインが出るのに時間がかかっており、あのー」――。

いますねー、「あのー」を連発する人。あまりに頻度が多いと、聞く側としては少々耳触りにも感じてしまいます。本人も、そのことは重々承知しているものです。それにもかかわらず、なぜ「あのー」を連発してしまうのでしょうか。多くの場合、それは〝時間稼ぎ〟のためです。

言いたいことは漠然とイメージできているものの、どのような言葉で表現すればいいのかで人は悩むことがあります。そんなとき人は適切な言葉を探し出すための時間が欲しいと思うものです。その時間稼ぎのツールとして活用されるのが「あのー」なのです。「あのー」と言っている間に、頭の中で必死に「発言すべき適切な言葉」を見つけようとしているのです。

それだけに、聞く側としては「耳触りだなぁ」と思ったとしても、表情に出してはいけません。ここは広ーい心を持って「そんなに焦らなくても大丈夫だよ」という気持ちで、相手の言葉に耳を傾けてあげるべきでしょう。

そのほか、相手に対して悪いことを指摘するときにも「あのー」が使われる傾向にあります。下手な発言をすれば、相手を傷つけてしまう可能性もある。そこで「あのー」と言って時間を稼ぎながら、相手のダメージを和らげる妥当な言い方を探しているのです。その意味では「あのー」を口ぐせとする人は、優しい心の持ち主ともいえるでしょう。相手に嫌われることを恐れる小心者という部分もあるかもしれません。

なお、相手に良いことをいう場合は、どのような言葉を選んだとしても、相手は喜んでくれます。そのため「あのー」で時間を稼ぐ必要はなく、あまり使う人はいません。

傾向と対策

時間稼ぎをしたい人が使う口ぐせ。広い心で相手の言葉を待つべし

ありえなーい

「あの部長、報告書も見ずにダメだしするのよー」

「うそー。ありえなーい」

「文句を言ったら『口答えする前に仕事しろ！』だって！」

「ありえなーい」――。

この「ありえなーい」を正確な言葉であらわすと「そんなことはあるはずがない」となります。では、なぜその言葉を使わずに「ありえなーい」と言ってしまうのでしょうか。本人は、本当であれば「そんなことはあるはずがない」と言い切りたい気持ちを持っています。しかし、言い切った以上、その後「あるはずがない」理由を論理立てて話し、その発言に説得力を持たせる必要が出てきます。

そのため、使うにはそれ相応の覚悟が求められます。

例えば、冒頭の報告書云々の話であれば「なぜ報告書を見る必要があるのか」「報告書を見ないことでどんな事態になるのか」などを丁寧に説明する必要が出てくるのです。

「ありえなーい」を使ってしまうのは、そこまでの説明ができない人です。悲しいかな、ちょっとだけ力不足のため、否定した理由を論理だてて説明する自信がない。その結果「ありえなーい」という、なよなよした言い回しで逃げてしまっているのです。どちらかというと女性に多い口ぐせですが、男性が使う場合もあります。この発言を受けると「そんななよなよした言葉を使うな！」と叱りたい気持ちにもなりますが、本人だって本心では自己主張したいのです。そのあたりをくみ取って、発言者の成長を祈りつつ、その場はスルーしてあげてください。

ただし男性や大人の女性が「ありえなーい」を使うのは、少々見苦しい面もあります。この場合は「もう少し大人らしい言葉を使おうよ」と促すことも時には必要です。ちなみに、何も考えずに相づちとして「ありえなーい」を使う人も中にはいます。その場合は、スルーしておけばいいでしょう。

傾向と対策

本心では「あるはずがない」と言い切りたいが、そこまでの自信がない。発言者の成長を祈ろう！

なんかさー

居酒屋のカウンター。二人のサラリーマンがビールで乾杯します。グイっと飲み干したあと、その一人が……。

「なんかさー、色々つらいよなぁ」「もうさぁ、なんかさー」——。

このとき「なんかさー」と言った人の多くは、その後、論理的な話し合いを持ちたいとはあまり考えていません。もし持ちたいと思っているのであれば「なんかさー」などと言わず「最近の人事査定は厳しいよ」といった具合に、もう少し具体的な言葉を使うはずです。

「なんかさー」と言った人の心境としては「今日は好き放題言いたいんだけど、理屈っぽくなるのもいやだから、論理的な話は抜きに、曖昧なままいこうよ」といった感じです。

また、相手に対して仲間意識を持ちたい心境ともいえるでしょう。それだけに居酒屋にはぴったり合う言い回しといえます。

言われた側は「なんかさーって何がよ？」などと、やぼったいことを言ってはいけません。相手はあなたと肩を組みたい心境なのです。

「俺もさぁ。なんかさー」と同調してあげるのがベスト。もしくは「まぁ、色々あるよ」と適当に返して、ビールをグイっと飲み干しておけばいいでしょう。

ただし、その日はずっと「なんかさー」の波状攻撃を受け続けることになります。そこは、まぁ我慢ガマン！「なんかさー」を肴にビールを飲みましょう。

傾向と対策

共感はしたいが、論理的な話し合いは持ちたくない気持ちがある。
曖昧なまま会話を進めよう！

ある意味で

沢尻エリカは戦略家だと思う。でも、その理由を説明する根拠はない……。こうしたとき、多くの人はこう発言します。

「エリカ様って、ある意味で戦略家だよね」——。

このように、何かを主張したくても、その根拠がはっきりしないとき「ある意味で」という言い回しの出番となります。

発言者には「漠然とみんな分かっているんだろうから了解してくれよ」という気持ちも入っています。ファジーな言葉のやりとりを好む日本人には格好の言い回しといえます。

この「ある意味で」を、断定する物言いを和らげるために、わざと使うこともあります。自分の上司に対する発言として、次の二つを読み比べてみてください。

「彼は野心家だよね」

「ある意味で、彼は野心家だよね」——。

前者は断言的な言い方になっており、そこからは批判的なニュアンスも感じ取れます。一方、後者は「ある意味で」と付けることで、その野心家ぶりがオブラートに包みこまれていることが分かるはずです。

こうした「ある意味で」という言葉に対して「どんな意味だよ？」とツッコミを入れるのは、話をややこしくするだけです。相手の意を汲んで「そうだよね」とスルーしてあげるのが一番でしょう。

ただし、例外もあります。相手が「ある意味で」の答えを欲しがっている場合です。あるいは、スルーするのには適切ではない重要な話の場合です。

こうしたケースでは、例えば「ある意味で、彼は野心家だよね」であれば「自分が信じた道に対しては、ね」などとフォローすることが大切です。こうすることで、会話の質はグッと高まるはずです。「うんうん、ある意味でそうだね」などと同調していたら、会話はずっと平行線をたどるままになるので、ご注意を。

傾向と対策

何かを主張したくても、その根拠がはっきりしないとき出る口ぐせ。スルーしてあげるのが一番

ちょー

流行語から始まり、すっかり定番になった言葉、その代表例がこれじゃないでしょうか。

もともと物事をオーバーに表現するために、「すごい」という言葉を超えた新語としてあらわれたのが「ちょー」でした。1980年代に小学生のスラングとして流行し始めたと言われ、その後大学生にまで広がり、2004年には、北島康介がアテネオリンピックで語った「チョー気持ちいい」が、その年の新語・流行語大賞にもなりました。

どの時代も、「物事をオーバーに表現する新語」というものはあり、時代ごとに流行り廃りを繰り返しています。「ちょー」も例外ではありません。生まれてから30年近くを経過し、もはや新語でも、流行語でもありません。あまりに使われ過ぎて、当初持っていた「すごい」を超えるような表現力も衰え、少々お疲れ気味のようです。

「ちょーキレイなお店で、ちょーイケメンがいて、ちょー面白くって……」――。

こんな風に、すべてに「ちょー」が付いてしまっては、どこを強調したいのかもわかりません。「ちょーすごい」と言われても、新鮮さが失われた今、そんなに「すごい」ことだと誰も思わなくなっています。もしかすると、流行に敏感な子どもや女性ほどそんな状況を感じ、「ちょー」に代わる新語を見つけだそうとしているのかもしれませんが……。

それにも関わらず「ちょー」を使い続ける人は、どんな人でしょう。おそらく惰性で使っているだけで、深い意味はないでしょう。

例えば、「あの映画、ちょー面白かった」と言われたら、それだけで終わらせず、具体的に「どこが面白かったの?」と聞いてみる。ストーリーが斬新で面白かったのか、役者の演技がリアルで面白かったのか、こちらから話を振って言葉を引き出す。そうしないと、会話は「ちょー」盛り下がります。

傾向と対策

惰性で使っているだけで深い意味はない。具体的に「どこが?」と話を振ってみる

とりあえず

「とりあえず、単位を取っておくか」「とりあえず、この案で進めましょう」「とりあえず、友達同士から始めよう」「とりあえず、ビール！」……会社でも、学校でも、プライベートでも、大活躍の言葉「とりあえず」！

日本人が大好きな「とりあえず」は、とても使い勝手のよい言葉です。なぜならこの言葉には「いろいろ考え方はあるでしょうが、ここはひとまずこういうことにしておいて、問題があれば後で考えるようにしましょう」という含みがあり、人によっては良い使い方にもなるし、悪い使い方にもなるからです。

良い使い方としては、人との軋轢を避けることができるという部分です。「とりあえず」を巧みに操ることができれば、クッションのように人と人の衝突を回避し、それぞれの顔を立てることができます。そんな使い方が上手にできる人は、紛糾しがちな交渉や多くの人が集まる会議にはぴったり。有能な調整役やまとめ役になれるでしょう。

悪い使い方としては、責任回避に繋がりやすいという部分です。「とりあえず」と言うことで、自分の意見を言わず、個人的な好みも主張しなくて済みます。そのため、何かあったときも責任逃れがしやすいのです。

自己主張を避けてみんなが譲歩し合うのを良しとする、ひと昔前のサラリーマン社会であれば、責任回避のための道具となったはずです。しかし、時代は既に変わりました。白黒つけずに問題を先送りしてばかりでは、まとまる話もまとまりません。

もし、「とりあえず」という言葉で強引にまとめに入り、問題を先延ばしするのが見え見えな人には、こう一言いってあげましょう。

「とりあえず、あなたの意見を聞かせてくれませんか?」

白黒つけたがらず、責任逃れをする人ほど、個人的な意見を言うのは苦手。この一言で、釘をさすことができるでしょう。

傾向と対策

サラリーマン社会では責任回避に繋がりやすいので、その場合は、すぐに白黒をつけるように!

かわいい

動物や子どもに対して「かわいい」と言うだけでなく、セクシーな衣装に「エロかわいい」、ハゲたオッサンに「キモかわいい」と、そのバリエーションも豊富。今や女性が言う「かわいい」は、日本中を席巻しつつあります。

もともと日本の女性は、伝統的に「かわいい」が大好き。小難しく言えば、日本文化はもともと未成熟なものを好む傾向があり、成熟した大人の美しさよりも、多少幼さの残るかわいさを選び、それが今の「かわいい」の言葉に受け継がれていると言えるでしょう。

また、欧米などでは若者に早くから自立が求められ、大人になることを要求されますが、日本ではそれほどではありません。そのため、幼さを表す「かわいい」が大人になっても認められてきたとも言えます。

しかし、最近では「かわいい」を逆手にとり、大人の子どもじみた姿や言動に対する批判や皮肉として用いられるケースもあります。

例えば、女性の上司が部下に「ずいぶんかわいい格好してるじゃない」と言っても、「かわいらしい」という本来の意味で褒めている場合だけでなく、「年齢のわりに子どもっぽいわね」とバカにしていることもあるので要注意。自分より劣っていると判断した女性に対して「あの子、かわいい」と堂々と使うケースもあるので油断なりません。

さらに、スポーツ界で使われると、「目にかける」といった意味から「シゴく」という意味に転用され、事件にもなった「かわいがり」になるケースも……。

このように「かわいい」の中には、褒め言葉もあれば、批判の言葉、辱めの言葉まである。加えて、「キモかわいい」のように、際どい表現を和らげる造語まであらわれ、まさに百花繚乱。

こんな「かわいい」を元の意味どおりに解釈すると、強烈なしっぺ返しもあります。日本語の読解力が試されていると言えるかもしれません。

傾向と対策

褒め言葉もあれば、批判や皮肉の言葉にもなる。日本語の読解力まで試される！

～系

「あの子って、いやし系だよね」

「いや、どっちかっていうと、ツンデレ系じゃない？」――。

最近では「～系」という言い方が、会話の中で普通に使われるようになりました。

例えば果物にはいろいろな色や大きさがありますが、「りんご」や「みかん」などカテゴリ別に分けると、わかりやすく分類できます。人間も同じで、いろいろな外見をしていても「いやし系」「ツンデレ系」など、その性格をカテゴリに分けるとイメージを共有でき、認識しやすくなります。

しかも、「あの子は、会う人の心を癒すようなタイプだ」というより、ズバリ「いやし系」と言ったほうが、情報を伝えるスピードも速い。パソコンに代表されるデジタル的な思考回路に馴れた若者ほど分類上手で、面白い使い方をしているのではないでしょうか。

また、似たような言葉に、語尾に「〜っぽい」を加える言い方があります。「あの子、ちょっとヤンキーっぽいよね」——。

こんな風に言う場合は、断定を避けている分、内容全体の響きがまろやかになります。「〜系」より、さらに軽くてマイルドです。深刻で堅い表現を嫌い、曖昧なニュアンスを残しながら軽めのノリを優先する、現代の風潮に合った言葉と言えます。

「〜系」も「〜っぽい」も、言葉遊びの一つであり、個人の性格を反映するような深い意味はありません。敢えて言えば、分類好きであるとともに、会話を楽しみたいと考えている人と言えるでしょう。

そんな人にとって、今まで分類できなかった人を「〜系」「〜っぽい」と新たに分類し、それがセンスよくハマったときほど面白く感じるもの。あなたも、ゲーム感覚で一緒に楽しみましょう。

傾向と対策

人にわかりやすく伝える言葉遊びの一つ。センスよく分類して、会話を楽しもう

最近どう？

久しぶりに会った友人に「最近どう？」と言う場合は、相手の状況を心配したり気遣っている言葉と言えるでしょう。でも、会う度に「最近どう？」、昨日会ったばかりなのに「最近どう？」を連発する人がいます。

そんな人にとっては、挨拶代わりの一言。あまり意味のない言葉です。

そもそも「最近どう？」は、ある程度親しい間柄じゃないと成立しない言葉。上司や目上の人に向かって、こんな言い方はしないでしょう。その人にとっては、「私たちって仲いいよね」程度の意味で、相手との親しさを確認するようなもの。

そのため、相手の返事もそれほど期待はしていません。問いかけられたと真に受け、「最近は仕事が忙しくて大変で……」なんて言わなくても大丈夫。「まあまあだね」「ぼちぼちだね」とよく訳のわからない言葉のほうが、かえって会話もスムーズです。

また、中には、会話のないことや沈黙がツライと感じる人が、ついつい使って

しまうケースもあります。

特に口にする話題もなく、会話もなかなか弾まない、そんな時にとりあえず「最近どう？」と言って、話をつないでしまう。あなたも経験あるんじゃないでしょうか？

そんな人には、「実は最近新しい仕事が入って、忙しくてさ」と具体的な話を返してあげるといいでしょう。その一言で話が盛り上がればいいし、そうでなくても沈黙だけは埋めることができます。そこで、「まあまあだね」とやってしまうと、またまた無言状態に突入することに……。

傾向と対策

挨拶代わりのひと言なので、返事としては「まあまあだね」ぐらいの曖昧な言葉がベスト

どうしよう

「今度の休みにみんなでバーベキューしに行くんだけど、お前どうする?」

「どうしよう……」――。

すぐに物事を決められない人っているものです。そんな人が口にするのが「どうしよう……」。これにはシチュエーションごとにいろいろなタイプがあり、それぞれ対応も違ってきます。

たいていの場合は、自問自答していて、いろいろ考えを巡らせている人。「どうしよう……」と言って、間をとっているというケースです。そんな人にはやはり時間が必要です。答えが見つかるまで辛抱強く待ってあげるといいでしょう。

しかし、「どうしよう……」と言って、すがりつくように聞いてくる時は、本当に悩んでいる人の場合です。あなたから「なにを悩んでいるの?」と聞いて、ちゃんとアドバイスしてあげましょう。

また、中には何を聞いても「どうしよう」を連発する人がいます。

「会社辞めたいって言ってたけど、転職するの？」

「どうしよう……」――。

「彼氏からプロポーズされたって言ってたけど、結婚するの？」

「どうしよう……」――。

そんな人は、人生の大切な問題であっても、自分でなかなか決断することができず、他人に依存しがちなタイプといえるでしょう。こちらが辛抱強く待ってあげても答えは出ず、どのようにアドバイスしていいかヒントも掴めません。こんな場合は、自立を促すために、突き放してみるのも一つの方法です。

「どうしようって、どうするの？　自分で考えてみたら」――。

このように、対応するにもいろいろ判断に迷ってしまう「どうしよう……」。もし、あなたも頻繁に言うようだったら、相手にあまりいいイメージで伝わっていないと考え、使うことは控えたほうがいいでしょう。

傾向と対策
自問自答しているだけでなく、本気で悩んでいる場合や、依存心の強い場合も。それぞれに合わせて対応すべき

3章

chapter3【口ぐせ編】

自己アピール系の口ぐせ

世の中には自分のことが好きで好きでたまらない人が
実に多く存在します。そんな人が口にする
「常識じゃん」「俺に言わせれば」など17個の口ぐせを紹介！

それはそうと

こちらから「昨日、隣の部署の上司と話す機会があってさ」と、話を切り出したのに、最後まで聞かずに「それはそうと、明日の会議だけどさ」などと、強引に自分の話題に切り換えようとする人がいます。あなたの周りにもいませんか？

この口ぐせを好む人は、言うまでもなくジコチューな性格です。人の話を聞いていられず、自分の話をしていればホッとする、お喋り好きな人間でもあります。「それはそうと」と、話の腰を折られるのは気分を害するもの。あまりに頻繁に言われたら「すぐに話を変えないでよ」「もう少し話をしたいんだけど」、あるいは「話を変えるのちょっと早いよ」と、しっかり相手に言うことも必要です。しかし、そのとき「それはそうと」と同じ言い回しで言い返すのはダメ。「それはそうと、明日の会議だけどさ」「それはそうと、その上司がさ」「それはそうと、会議の議題がさ」……、と終わりのない負のスパイラルに突入してしまうからです。

この言い回しは、マイナス面に目が向きがちですが、会話の質を向上させる働きもあります。例えば、相手がまとまりのない話をしているのであれば、「それはそうと」と口を挟むことで、話題を変えることができます。あるいは三人で会話をしているときに、ほかの二人が言い争いになったとします。そのときは「それそうとさ」と強引に話題を変えることで、二人の言い争いに終止符を打つことができます。会議が煮詰まったときに「それはそうと」とまったく違う話題を振ることで、新しいアイデアが生まれる可能性もあります。

また、やむを得ず「それはそうと」と言う人がいることも忘れてはいけません。例えば、出発時間が迫っており、仕方なく「それはそうと、結婚式の二次会の服装はどうする？」などと話を変えることもあります。その場合は、その人の事情をくみ取ってあげること。そんなとき「すぐに話を変えないでよ」と言ってしまえば、空気が読めない人という印象を与えてしまうので要注意ですよ！

傾向と対策

強引に自分の話題に切り替えようとするジコチューな性格。「すぐに変えないで」と相手に言うことも必要

ここだけの話だけど

人気のないオフィスで残業していると、一人の同僚が近づいてくる。そして、おもむろに顔を近づけてきて、こうささやきます。

「あのさぁ、ここだけの話なんだけど……」

何だろう、と興味を持った態度を見せると同僚はこう続ける。

「実はさ、田中部長と部下の佐々木みどり、できているらしいぜ」――。

そして満面の笑み。いますよねー、こういう人。

なぜ「ここだけの話なんだけど……」と話しかけるのかといえば、その相手と特別な関係を築きたいと考えているからです。自分だけが知っている特別な情報を伝えることで、二人の関係性を良くしていきたいのです。実際、その内容が〝実のある情報〟であれば、「いい情報をありがとう!」となり、二人が親しくなるきっかけになる可能性も高まります。

しかし、ウワサ話のような、あまりに〝低俗な情報〟の場合は、逆に関係性が悪化してしまうことも。

冒頭で紹介した恋愛事情は、相手によっては「そんなウワサ話、聞きたくもないよ」と思うかもしれません。ウワサ話を嫌う人は意外にいるものです。たとえ自分がウワサ好きであっても、口に出すのは控えるべきです。

なお、もし、あなたが低俗な情報を聞かされたら、まったく関心のないそぶりを見せ、相手を白けさせる必要があります。「あ、そう」と、冷たく言い放っておけばいいでしょう。

相手は「すごいね！」という言葉を待っているため、決して、余計な茶々入れをしてはダメ。ちょっとでも「へー！」などと言ってしまえば、相手は「いいこと言ったな！」と思ってしまいます。冷たく「あ、そう」と言えば、相手は「何だよ、その反応……」とがっくりきますが、ここは心を鬼にして、相手に自制を促す必要があります。

傾向と対策

相手と特別な関係を築きたいという気持ちを持っている。

しかし低俗な情報であれば「あ、そう」と冷たく返し、白けさせよう

僭越ながら

「僭越ながら、私の意見を述べさせていただきますと……」――。

かなりへりくだっています。こう言われたら、こっちのほうこそ恐縮してしまいます。江戸時代の話でしょうか。いやいや時は現代です。

僭越とは「自分の立場を超えて、出過ぎたことをする」の意味。目上の人に対して言うのであれば、少々大げさではありますが、相手を敬う気持ちが込められていると言えます。また、乾杯の音頭などで「僭越ながら……」と言うのも同様です。

しかし、会議などで自分の意見を言うときなど、ちっともへりくだって聞こえない場合があります。なぜでしょうか？

そこには、隠れた自己アピールという本音があるからです。

「自分は立場が低いです」という謙遜の気持ちを伝えるかに見せて、おっとどっこい「私は立場を超えて、ここでこんなことを言うのに値する人間なんだ」とほ

ケンソンと見せかけて
自己アピール
サッ
えー せんえつながら 我が社の
創設者の血をひくこの私めが申し上げます

のめかし、みんなの注目を引こうとしている。つまり、心の底では威張っているようなものだから、へりくだって聞こえないのは当然でしょう。

聞いているほうだって、過剰な謙遜は嫌味にも感じ、「わざとらしいな」となんとなく察しているはず。会議でアピールしたいことがあるのなら、普通に発言すればいいだけのことですからね。

そんな人には「そうかしこまらず、会議なんだから自由に発言していいですよ」とやんわりたしなめてあげましょう。

傾向と対策

本当に謙遜している場合と、自己アピールの場合がある。どちらか見極めよう

オレ、頭が悪いんで

「頭が悪い」――。他人から言われると腹が立つ言葉ですが、自分から言う人って、いったいどんな人でしょうか。

例えば、友人同士の会話で「オレ、頭が悪いんで」「オレ、モノ知らないから」「オレ、バカだから」などと言う人がいても、決して「頭が悪い」わけではありません。

世の中の人間は、頭が良い人ばかりではありません。でも、たいがいの人は、自分の頭があまり良くないことに気づいていなかったり、気づいていても隠そうとします。大人になればなるほどその傾向は強くなります。

「オレ、頭が悪いんで」と言う人は、時にその謙虚さで他人の話を素直に聞こうとする熱心さもあります。根っから「頭が悪い」「バカ」というわけがありません。そんな人の話は軽く扱わず、しっかり耳をすませ、きちんと対応すべきでしょう。

ところが、本当に頭が良い人、例えば知識人がこの言葉を使うと、途端に嫌味になるケースがあります。

テレビの討論番組などで、こう言う評論家を見かけたことありませんか？

「今の話だけど、ボク頭が悪いんで、具体的に教えてもらえますか？」

この場合、言い方は穏やかですが、「頭の良いあなたなら、私よりもっと深く考え、きっと立派なことを言うんでしょうね？」という挑発も含んでいます。さらに「頭良さそうに見えるけど、本当は大したことないんじゃない？」という皮肉をこめて言う場合もあります。卑下しているように見えて、かなり上から目線と言えます。

そこで腹を立て、言い合いになってしまうと、ムダ討論に……。

「いやいや私も頭良いほうじゃないので。あなたの言うことにいつも感心しているんですよ」と褒めてかわすほうが、一枚上手と言えるでしょう。

傾向と対策

他人の話を素直に聞こうとする熱心さのある人間。

そんな人の話にはしっかり耳をすませ、きちんと対応すべき

常識じゃん

相手が知らないことに対して、大げさに反応する人がいます。

「アメリカの大統領の名前を知らない？　そんなの常識だろ！」――。

多くの人が知っているであろう「常識」が欠けているケースであれば、「ちゃんと知っておけよ」とたしなめるために、この言い回しは使われます。しかし、なかには「常識」かどうか微妙な問題でも使われることがあります。

「会議で英語を話すのは世界の常識だ！　よって社内文書も英語化しよう」――。

この常識は、少々ギモンですよね。実は、発言している本人も、それには気づいています。この人にとっては「常識かどうか」よりも、自分の意見を通すことがなにより重要。そこで〝常識〟という強烈な言葉を使い、意見を押し通そうとしているのです。大げさに言えば、常識という名の〝強権発動〟と言っていいでしょう。

また、なんでもかんでも「常識じゃん」と言いたがる人は、「みんなと一緒願望が強い人」です。その人にとっては、みんなで共有しているものが、常識の定義。自分が知っていることを相手が知らなかったり、自分とは違う認識を相手がしていると居心地が悪いと感じる。そのため、自分が思う〝常識〟のワクに相手を引っ張ろうとしているのです。

みんな一緒ということを最優先するという意味では、きわめて日本的な言葉だといえるでしょう。ただし、これが行き過ぎると、少しでも意見が違う人を排除するという方向に行きかねません。

いずれにしても、「常識じゃん」と言う人ほど、ちょっと強引な人が多いもの。反論しても、強引な言葉を畳みかけてくる可能性があるのでスルーするのが一番です。でも、どうしても譲れないこともあるでしょう。その場合は、常識だという理由を正面から聞くといいでしょう。実は、相手にとって、そこが一番触れて欲しくない部分。効果はテキメンです。

傾向と対策　自分の意見を通したいと考える人が多く、行き過ぎる場合は、「常識の理由は？」と反論を

もう死にそうですよ

「最近、何だか忙しそうだね」「調子はどう?」と声をかけると「もう、死にそうですよ」と、疲れた表情を浮かべつつ答える人がいます。盛大なため息をつきながら言う人もいます。肩にのしかかってきて「○○ちゃん、俺もうダメ」など と倒れるフリをしながら言う人も!

この言い回しを使う人の多くは「死にそう」という極限的な表現を使うことで、相手に「そこまで大変な思いで仕事に取り組んでいる」ことをダイレクトに伝えたい気持ちを抱いています。

人によっては「自分はすごい働き者である」ことを少々自慢げに話したいときに使うケースもあります。もちろん、彼らは自分が死ぬとは、まったく思ってはいません。

そのため、この言葉を耳にすると、つい「死ぬわけないじゃん!」とツッコミを入れたい心境にもなるものです。また、言われた側が暇な状況の場合は「俺に対する嫌味か！」という気分にもなります。

しかし、相手には決して悪意があるわけではありません。ちょっと自分の忙しさをアピールしたいだけなのです。ここは一つ、相手の気持ちをくみ取り「大変だねー、頑張って！」「もう少しだよ、ファイト！」などと返してあげるのが大人の対応というものです。

なお、「もう、死にそうですよ」という言葉に切羽詰まった雰囲気を感じとったら、前述のツッコミは絶対にタブーです。これは本心のセリフと考えられるからです。「俺の気持ちが分からないのか！」とケンカに発展してしまう可能性もあります。

最後に――。二人の関係が〝ツーカーの仲〟であれば、相手はツッコミを期待している可能性も高いと言えます。「そんなんで死ぬか！　あほ」「死んだら、葬式行ってやるよ！」と笑って返してあげてもいいかもしれません。

傾向と対策

自分の忙しさをアピールしたいだけ！
悪意はないため「頑張って！」と励ますのが一番！

俺に言わせれば

次の二つのセリフを読み比べてみてください。

「あいつの営業力はまだまだだね」

「俺に言わせれば、あいつの営業力はまだまだだね」――。

どうでしょうか。〝俺に言わせれば〟を付け加えることで、どこか発言者の自己顕示したい雰囲気が伝わってきませんか？　そうなのです。この言い回しには「俺みたいなレベルの人間から見たら、あいつは……」という気持ちが隠されています。

〝俺に言わせれば〟の前に「東大出身の」「海外暮らしの長い」などの形容詞が付くと、その自己顕示はさらに高まっていきます。

しかし、発言者の気持ちとは裏腹に、聞く側には「発言者の権威」があまり伝わってきません。それは〝俺に言わせれば〟という表現に、どこか品の悪さが漂ってしまっているからです。ちなみに〝僕に言わせれば〟〝私に言わせれば〟だとしても、一緒です。

こうして見ていくと、あまり印象度の良くない、この言い回しですが、世の中には上手に使っている人もいます。

例えば、日本サッカーのパイオニア三浦知良選手です。カズは元チームメートで、南アフリカW杯で大活躍した日本代表・松井大輔選手に向けて「まだまだ僕に言わせれば赤ん坊」というメッセージを送りました。松井選手は怒るどころか、温かいエールと捉えて感激したといいます。

これは、カズと松井選手との間に信頼関係が構築されていることを、カズ自身が理解していたため、わざと使用したのでしょう。

確かに〝俺に言わせれば〟は、使い方の難しい言い回しです。しかし、三浦カズのようにうまく使うことで、とても面白い言い回しになることも覚えておきましょう。

傾向と対策　自己顕示したい人物の可能性が大だが、発言者の権威は伝わらないさびしい口ぐせ

今、私もそれを言おうと思っていたんです

会社の部内会議で、切れ者で知られるAがこう発言します。

「会社の上層部は○○と言っていますが、そもそもその考えが間違っていると思うんです」

するとBが間髪入れずに……。

「今、私もそれを言おうと思っていたんです」——。

こんな光景、誰もが見かけたことがあるでしょう。

通常であれば、何も言わずに、その発言を聞き続けるか、あるいは、その人が発言し終えるのを待って「私も同じ意見です」とでも返せばいいはずです。

それにも関わらず「今、私もそれを言おうと思っていたんです」と、咄嗟に言い返すのは、どのような気持ちの表れなのでしょうか。

普通に考えると、自己顕示欲が強い人だと考えられます。しかし、この言い回しを使う人のすべてをこの枠にはめ込んではいけません。

本当に自分も言おうとしていたのにもかかわらず、先に言われてしまい、慌てて口について出てしまったということもあるからです。

ビジネスの世界では、発言した者に対してのみ評価が下されるケースも多いのです。慌てて「今、私も……」と言ってしまうのは、なんか人間らしくて微笑ましくなりませんか？ その発言の内容が重要であればあるほど、誰もが気付かなかったものであればあるほど「今、私も……」という言い回しの出現頻度はアップする傾向にあります。

もちろん、中には自己顕示欲を示したいだけの人もいます。そこで、言った人に対し「なるほど。では、その理由を言ってみてくれる？」と聞いてみることが大切です。そのとき「はい、というのも……」と、しっかり理由を語り始めたのであれば、その人は自己顕示欲が高いのではなく、つい口に出てしまったパターンだとみていいでしょう。

傾向と対策 自己顕示欲が強い人が使いたがる口ぐせだが、先に言われてしまい、慌てて口をついて出てしまうケースも！

いくつに見えます？

「おいくつですか？」と聞かれて、自分から年を答えずに、こう聞き返す人がいます。「いくつに見えます？」――。

このとき、思った年齢を答えて、それが実際の年齢よりも高い場合、二人の間にはビミョーな空気が流れます。世の中には、本音で答えてはいけない質問というものが存在します。その最たるものの一つが「いくつに見えます？」です。

この口ぐせを言うのは、やはり女性がメイン。「私は若く見えるはず」と信じて質問しています。「私は年を取って見える」と感じている人は、決してこの質問を口にすることはありません。聞かれた側は「私は若く見えるはず」という相手の思いを汲んだ答えを言わなければいけません。

とはいえ、特に女性の場合、具体的な年齢を口にするのは失礼というもの。30代の女性であれば「20代に見える」、20代であれば「すごく若く見える」と答えておくのが無難です。

もし相手が「そんなことないよー。若くないよ私なんてー」などと謙遜したとしても、そのセリフは本心ではありませんので、ご注意を。「いやいや、20代にしか見えないよ」と受け流すのが一番です。こうした心遣いで女性が喜んでくれるのです。ウソも方便と、割り切ってしまいましょう。

また似たような問いかけとして「私、最近太った？」があります。あるいは、独り言のように「最近太っちゃった」と言う人もいます。この場合も、間違っても「そうだね」「太ったね」などと返してはいけません。「そんなことないよ」と言ってあげるのが、大人のルールです。

こうした口ぐせは、特に相手に害を与えるものではありませんが、もしあなた自身が多用していると感じたのであれば、相手の気苦労を思いやって、今後は控えておいたほうがいいかもしれません。若くイキイキとして過ごしていれば、向こうから「若いね！」と言われるのですから！

傾向と対策

「私は若く見えるはず」と信じて口にする言葉。
決して本音では答えず「すごく若く見える」と返すこと！

キミはね、○○なんだよ

プレゼンでミスをしがちな部下に対して、次のような言葉を投げる上司がいます。「キミはね、本番に弱すぎるんだよ」――。

こう言われると「何だよ」と反抗したい気持ちになりがちですが、相手のことを十分観察した結果、見えてきたマイナス点を指摘するために、あえて「キミはね」と説教することもあります。

その場合は、相手は断腸の思いで発言しているのですから、言われた側は「はい。改めます」と素直に受け止める必要があります。

しかし、なかには、相手のちょっとしたミスに乗じて、特に深く分析することなく「キミはね」とマイナス点ばかりを指摘する人もいます。この場合は、相手にレッテルを貼ることで、自分の優位さを強調しようとしている可能性があります。上下関係の押しつけともいえるでしょう。

こういう人は自分に対して相当の自信を持っています。でなければ、人にレッテルを貼ることはできないはずです。それだけに「あなたはどうなんですか？」なんて反抗しても「その態度が、お前の悪いところなんだ」などと、またまた決めつけてくるだけです。

そんな人には「ハイハイ、すいませんです」と心の中で返事をして聞き流すのがいちばんですが、あまりにも誤解されているのであれば、反論しないことにはプライドに傷が付いてしまいます。しかし口でいくら「そんなことはありません」と言っても、相手は聞く耳を持たないでしょう。それればかりか「キミは口だけは立派だな」などと、さらなるレッテルを貼ってくる可能性もあります。

この場合は、事実を目のあたりにさせて、否応なく認識を改めさせるのがベストです。例えば「本番に弱い」と決めつけられているのであれば、本番に強いところを見せるのです。そして「〇〇さんに『本番に弱い』とお叱りを受けていたので、頑張りました」と言えば、その上司はぐうの音も出ないはずです。

傾向と対策 自分の優位さを強調したいケースが多い。指摘されたマイナス点が間違いであることを実際に見せて、認識を改めさせる

ヘンな話

まったくヘンな話ではないのにもかかわらず、打ち明け話をするとき「ヘンな話なんだけど」と切り出してくる人がいます。

「ヘンな話なんだけど、暑くなると熱いお茶が飲みたくなるんだよね」——。

ほら、全然ヘンな話じゃないですよね。実は、この言葉を使う人も、自分の話が〝ヘン〟だとはあまり思っていません。

これは「ヘンな話」という表現を使って「俺とおまえは特別な関係だぜ」ということを伝えようとしているのです。こんな話、お前だから打ち明けるんだ、というニュアンスです。

内容はヘンではないかもしれませんが、「ヘンな話」と切り出されると「え？」という気持ちになるもの。その点で、人の注意を引くには、とても有効な言葉と言うこともできます。

この言い回しを使う人は、とてもデリケートな性格といえます。あらかじめ親しさを強調しておかないと親密な話ができないのですから。

言われた側は、ぞんざいに相手をしてはいけません。内面には弱い部分を持っているため、大いに傷つけてしまう危険性が高いからです。

また、相手は「この人だからこそ」という気持ちであなたに話しかけているのです。もし「俺は別に親しいと思ってないぞ」と思ったとしても、ここは一つ「え？　何？」と興味を示しているフリをして、話を聞いてあげましょう。

傾向と対策
相手の注意を引きたいがために使う言葉。デリケートな性格の人が使う傾向にあるため、ぞんざいに相手をしてはダメ！

…っていうか

本来、「…っていうか」という言葉は、相手や自分が一度言ったことを軽く否定し、さらに適切な言葉で言い換える場合に使います。「というか」「と言うよりはむしろ」と置き換えることもできます。「今こそ、というか、今だからこそ、選挙に行く必要があるんだよ」といった具合に。

しかし、最近の「…っていうか」は、特に若者の間で、まったく違う使われ方をしています。

その一つに、自分の意見を切り出すための言葉としての使われ方があります。相手や自分の言葉を言い換えるのではなく、自分が言いたいことを口にするための接頭句として「…っていうか」を使っているケースです。

レストランでのランチ中、食事の話題で盛り上がっていたA子とB子。話が一区切りついた瞬間、A子が……。

「…っていうか、最近ケイタイ変えたんだよね」——。

ケイタイの話題は、これが初めて。それなのに「っていうか」を使っています。実は、この話法は、ちょっとした上級テクニックとも言えます。いきなり話題を変えてしまえば、相手は「何よ？」と思うものですが「っていうか」を使えば、何となく話が続いているような雰囲気を保つことができるのです。

もう一つ、会話を続かせるためのつなぎとしても使われます。相手が話したあと、自分のところで場をシーンとさせてはいやだ。それで会話を強引に継続させるために「っていうか」を使うのです。例えば、相手に「あの雑誌の最新号のネイル記事読んだ？」と聞かれて「読んでない」と答えれば、場は白けます。そんな場合「っていうか、ネイル教室通ってんだ、アタシ」と答えれば、話はそのまま続きます。

こうして見ると、とても利用価値の高い言葉であることがわかります。だからこそ、この言葉は若者の間で大人気となっているのです。

傾向と対策

自分が言いたいことを口にするための接頭句。言われた側は、何となく話が続いている錯覚を起こす！

やっぱり

自分が思った通りだと思ったときは、誰でも「やっぱり」と無意識につぶやくものですが、これを多用する人には2つのタイプがあります。

それは、「積極的やっぱり」と「消極的やっぱり」です。

「やっぱり、私が言った通りでしょ。あのクライアントの部長はロジカルな企画が大好きなのよ……」――。

こんな風に相手に同意を求めるようなケースは、「積極的やっぱり」派。親分肌で、自己主張の強い人に多いものです。タレントで言えば和田アキ子、政治家で言えば元首相の麻生太郎などがこのタイプです。

押しが強いため、「あくまで自分が正しい」というニュアンスも含まれていますが、必ずそうとは言いきれません。思い込みで話している場合もあるからです。「やっぱり」と言われて同意を強要されそうなときは、「ほんとうにそうかな」と一度立ち止まって、見直してみるといいでしょう。

一方、「消極的やっぱり」派はこんなケースです。

「やっぱり、そうだよな。あの取引先ってうちの会社と相性悪いらしいし……」。

自分を受け身に置いた状態での発言で、しかも発言の根拠は自分の判断ではなく、曖昧なもの。誰の考えかはっきりしないのですが、「やっぱり」と言うともっともらしく聞こえ、周りもなんとなく「そうかも」と思ってしまう。

自己主張は強くなく、雰囲気に流されがちのため、「積極的やっぱり」派とは正反対の性格と言えるでしょう。「やっぱ、ツイッターやってないと乗り遅れるよな」といった、他愛のない話題であればいいですが、重要な仕事でも頻繁に「消極的やっぱり」を連発する場合は要注意。そんな時は一言こう聞いてみてください。「そう思うのは、どうして？」と——。

恐らくたいした根拠はないでしょう。これをきっかけに、みんな冷静に判断できるはずです。

傾向と対策
「積極的やっぱり」派と「消極的やっぱり」派に分かれるが、どちらもそれほどの根拠はない

そうそうそう

「こないだ沖縄行ってさ……」

「そうそうそう、今が旅行には一番いい時期なんだよね」

「スポーツもダイビングだけじゃなくて……」

「そうそうそう、パラセイリングなんて面白いしね」——。

人の話に大げさに「そうそうそう」と相づちを打ち、ときには話に割り込んでくる勢いで話す人。結構いるんじゃないでしょうか。

こんな人は、頭の回転が速いと言えます。話の途中でピンときて、その先の展開まで読めちゃうから、つい「わかった」と先回りして結論まで言ってしまう。

ただし、相手を軽く見ているわけでも、話を遮ろうとしているわけでもありません。悪気はないので、ちょっと「ウザい」と思っても、そういう性分なんだと認めて、気にしないことです。

しかし、中にはまったく正反対に、人の話を聞いてないとき、この言葉が表れる場合もあります。

「沖縄って島だから湿気が高くてさ……」

「そうそう、そうなんだよね……」——。

相手の話に興味がないけれど、大人の対応として「ちゃんと聞いているよ」というポーズだけは保ちたいし、楽しそうに話している相手の気分も損ねたくない。そこで、「そうそうそう」と納得しているふりをするケースです。

そんな人は、たいてい何に共感して「そう」と言っているのか具体的に語らず、目は泳いでいるもの。もしかしたら、彼女との用事で頭がいっぱいなのかもしれません。

つまり、本音では「もう勘弁してくんないかな」という気持ちがあり、それが「そうそうそう」の回数を増やしているのです。そんな時は、あなたもそろそろ潮時だと思って、早めに話を切り上げましょう。

傾向と対策
頭の回転が速い人、話に興味がない人と二通りあるので、それぞれを見極め対応しよう

そうですねー

プロ野球の試合終了後のヒーローインタビュー。マイクを向けられた阪神・金本知憲選手とアナウンサーのやりとり――。
アナ「まずは三回の先制ホームラン。どんなことを考えて打席に入りました？」
金本「そうですねー。三塁ランナーを返そうという気持ちでした」
アナ「打った球はなんですか？」
金本「そうですねー。……、高めのシンカーだったと思います」
アナ「そして八回。ダメ押しのホームラン。見事でした！」
金本「そうですねー。あの場面は二アウトだったんで、狙っていきました」――。
選手のインタビューで、やたらと耳をつくのが「そうですねー」です。なぜ、選手はこの口ぐせを使う傾向にあるのでしょうか。
実はこれ、間を取っているのです。
こうしたインタビューでは、選手は主に回想シーンを振り返ることになります。しかし、その場面のことを、すぐに思い出し、答えることはできないものです。考えてもみてください。冒頭の例でいえば、三回にホームランを打った球種は、すぐには思い出せないものです。どんなことを考えて打席に入ったかについても、そんなに簡単に思い出せるものではありません。

そこで「そうですねー」と間を取り、適切な答えをまとめているのです。ミスを避ける慎重さから出る言葉ともいえます。

さらに、アナウンサーに対する気遣いも入っています。もし、質問されて無言で考えていては「聞こえてなかったかな?」と心配になるものです。「そうですねー」と言うことで「ちゃんと聞いている」という安心感をアナウンサーに与えることができるのです。

「そうですねー」が多いというのは、真面目に答えようとしている証なのです!「連発するなー」なんて思わずに、じっくり言葉を待とうではありませんか。

傾向と対策

間を取るために口にする言葉。適切な答えをまとめていると考えていい。待ってあげるのが大切

逆に言うと

「田代まさし、また捕まったなぁ」

「逆に言うと、あれだけ更生を誓っての再逮捕だから、薬物は本当に怖いということだよ」

「そう言えば、志村けんにも土下座したんだよなぁ」

「逆に言うと、それが薬物の怖さなんだよ」——。

さて「逆にいうと」のあとに続く二つのオハナシ、ちょっと不思議ではありませんか？　そうです。全然、逆のことを言ってませんよね。

実は、この言い回しは、逆のことをいうために使うものではありません。「逆に」という言葉の強さを利用して、自分の言いたいことを強調したいときに使う、言い回しなのです。

「逆にいうと」という言葉を聞いた側は「え!?」と驚きを覚えて「何だろう？」と耳を傾けようとします。

それこそが使う側の意図なのです。注目を浴びた時点で、とっておきの発言をしようというわけです。

冒頭の例で言えば、本来であれば「逆に言うと」を使わず、何もつけずに「あれだけ〜」「それが〜」といえばコトは済みます。でも、それだとインパクトに欠ける。そこで「逆に言うと」をつけるわけです。

この言い回しを使いたがるのは、目立ちたがり屋の人です。そっと生きていたい人は、このような言葉は使いません。注目を浴びたいからこそ、使う言い回しなのです。

「逆に言うと」を使う場合には、あとの話題の選択が重要になってきます。そのあとの話がまったくつまらないものであれば「せっかく注目して聞いているのに、なんだよー」となってしまいます。「逆に言うと」を使いたければ、この言葉の強さに負けない〝すごい話題〟をセレクトしてください。

傾向と対策

「逆に言うと」という言葉の強さを利用し、自分の発言を強調したいときに使う言い回し

うちの会社

日本のサラリーマンは、欧米に比べて会社への帰属意識が高いと言われます。そんな特徴を物語るのが、この言葉ではないでしょうか。

「うちの会社も不景気だからさ、ボーナスが出るかわかんないよ……」――。

新橋あたりのサラリーマンが言うと似合いそうな「うちの会社」という言葉、改めて考えると不思議な言い方です。「うちの家内が」と呼ぶときと同じように、まるで家族を呼ぶときのような親しみを込めて会社を呼ぶ。確かに、アメリカやヨーロッパでは、こうは言わないでしょう。

この言葉を好んで使うのは、自分の会社にプライドを持っている人。「自分が働いている会社は立派な会社だ。そんな会社にいる自分を他の人にも誇りたい」。そんな気持ちが、会社と自分を同一視させ、「うちの会社」という言葉に結びつくのです。

もし、ちょっとでも怪しいブラックな会社に働いているとしたら、「うちの会社」とは言わないはずです。恐らく「今働いている会社は」と少し突き放して言うでしょう。また、契約社員や入社したばかりの社員も、「この会社」「働いている会社」とは言っても「うちの会社」とは言わないでしょう。

それだけ、「うちの会社」という言葉には、愛情が込められているのです。そんな人には、その会社も敬って会話したほうが無難です。

「うちの会社もダメだよ」

「ほんとにダメだな」――。

こんな答え方が一番いけません。身内をけなされるのは、最も腹が立つことなのですから。ちなみに、愛するということは、相手に依存しがちになること。会社という組織に寄りかかる依存心が強いとも言えます。それが強過ぎると、リストラや倒産が相次ぐ今のような時代では危険です。もしあなた自身が「うちの会社」が口ぐせになっていたら、会社に依存し過ぎていないか見直しましょう。

傾向と対策

自分の会社にプライドを持っている人。その会社まで敬って会話を進めよう

4章

chapter4【口ぐせ編】

甘え・逃げ系の口ぐせ

過去を懐かしんだり、自分の年のせいにしたりと、
現実から逃避したがる人、いますよね。
そんな人たちが使う傾向が高い13個の口ぐせを見ていきましょう。

私って○○だから

「私って繊細だから」「私ってズボラだから」「私ってA型だから」「私って優柔不断だから」……。

本来「○○な人」という評価は、自分ではなく他人が判断を下すものです。それにもかかわらず、自ら「私って○○だから……」と宣言する人がいます。

なぜ、こうした発言をするのかといえば、相手に「あいつは○○なんだな」と理解してもらいたいからです。そして、そのことを配慮してほしいと願っているケースが多いのです。

例えば「私って繊細だから、人の言葉にすぐ落ち込んじゃうの」と言うのには、「あまりキツイこと言わないでね」という思いが込められているのです。

言われた側は、早めに「了解。大丈夫だよ」ということを相手に伝えてあげることが大切です。「実は私も繊細なんですよ。似た者同士ですね」と共感の意を示せば、相手は安心するはずです。

もし、キツイ言葉で言い返してしまえば、相手を落ち込ませるだけではなく「前もって繊細だって言ったのに、何て冷たい人間なのかしら。サイアク」という悪印象を与えかねません。

また、相手を勇気づけようと「そんな思うほど繊細じゃないよ」とフォローしようとする人もいますが、相手の発言を否定することになるので、やめておいたほうが無難です。やさしい気持ちで受け止めてあげてください。

なお、稀に「あなたとは違うの」という意思表示で、この口ぐせを使う人もいます。「私って繊細だから……」で言えば「私は繊細な家庭で育ったの。あなたのように雑には育っていないのよ」というニュアンスが含まれていることもあります。口調がトゲトゲしい場合は、要注意です。

そんな雰囲気を感じ取ったときは「そうなんですか。いいお育ちなんですねぇ」とでもヒンヤリお返ししてあげましょう。

傾向と対策

「あいつは○○なんだな」と理解してもらいたがっているため、しっかり受け入れてあげよう！

もう年だから

「もう年だから、そんな恰好できないわ」――。流行りのファッションや髪型の女性を見て、こうつぶやく人、周りにいませんか？　この口ぐせ、どちらかと言うと女性の使用率が高い傾向にあります。

この口ぐせを言う人は、多くの場合、相手に「そんなことないと言って！」と思っているとみていいでしょう。イタズラ心を起こして「そうですね。年ですよねー」と返してみたい気もしますが、そこは大人の対応をしたいもの。

「そんなことありませんよ」「お若いじゃないですか」と返してあげましょう。間違っても「年の問題じゃありませんよ」とは言わないこと！　相手との関係がギクシャクしてしまいます。

ただし、この口ぐせを、あまりに日常的に言う人には「もういい加減にしてほしい」ということを暗に伝えるため「あんまり年のせいにすると、ホントに老けちゃいますよ」とクギを指すのもいいでしょう。あるいは親しい間柄であれば「病

は気から、という言葉もあるように、若い気持ちを大事にしましょうよ」と諭すのもいいでしょう。

最後に――。「もう年だから」という口ぐせを言う人のなかには「年だから気遣ってほしい」と本心から思っている場合もあります。

例えば「もう年だから、長い間立っているのはツライわ」といったケースです。この場合は、「そんな年ではないですよ」と笑顔で返してあげながら、気遣いをしてあげましょう。

傾向と対策

相手は「そんなことないと言って!」と思っている!
「お若いではないですか」と返してあげるべし!

いまやろうとしていたのに!

母親がゲームをしているわが子に「宿題はどうしたの⁉」と問いただすと「いまやろうとしていたのに!」と怒り出す子どもがいます。この場合、ほぼ100%の確率で、その子どもは、本当に宿題をやろうとは考えてはいません。不意を突かれたため、つい怒りの口調になってしまうのです。もし、本当にやろうとしていたのであれば「ちょっと待って。これを終えたらやる」と言えば済むはずです。

あなたの子ども時代を振り返っても、一度や二度は、このセリフ使ったことがあるのでは? 「そんなこともあったなぁ」と苦笑いしちゃいますよね。

しかし、このセリフ、ビジネスシーンでも時たま見受けられます。

「例の資料は、もうできたのか?」

「あ、いまやるところです!」——。

上司が「おい、昨日頼んでおいた、例の」と言いかけたところで「まずい!」

と感じ、「いまやるところなんで！」と取り繕う人もいます。

もちろん、多くの場合は、本当にいまやろうとしているのでしょう。この場合は、何ら問題はありませんが、冒頭の子どもと同じように、そうでない場合もあります。こういう人は、どちらかというと自分をごまかしながら生きている傾向が強く、うそをつくことにあまり良心を痛めません。だからこそ「いまやるところです！」と、堂々と答えることができるのです。また、考えるよりも、口が先に出てしまうという点で、少々感情的なところもあります。

あなたが上司で部下にこのセリフを言われたら、どう答えますか？「嘘付くな！」と怒鳴っても「本当ですよ」という言葉が返ってくるだけです。そうではなく「じゃあ、すぐやって」と返しましょう。自分が「いまやるところです！」と言ったのですから、その発言に責任を持たせればいいのです。そうすれば、その部下も「自分が言った罰だな」と感じるはずです。

傾向と対策
やろうと思ってはいない可能性大。
「嘘付くな！」と怒鳴らず「じゃ、すぐにやって」と返そう

あの頃は

「あの頃は面白かったよな……」。昔を懐かしんでこう言う人がいます。中高年ばかりでなく、若い人にも意外に多いものです。

誰だってノスタルジアは抱えているもの。例えば、今はすっかりやらなくなったけれど、昔はずいぶん無茶な遊びをした時代があった。そんなときに「お前もそうだろ?」と共感を求めるケースもあるでしょう。

しかし、その中身が「昔は良かった」的な成功体験に終始するなら、単なる自慢話と言えます。自分の過去の栄光時代を手放すことができない人で、いわばナルシスト系に多い言葉です。「今」に不満を持ち、現実から目を逸らしたがっている場合は、さらにこの口ぐせが多くなるでしょう。「今」に興味があって忙しい人なら、過去を振り返る余裕もないのですから。

いずれにしても、口ぐせになるほど頻繁に言う人なら、「今」に疲れていたり、どこか不満を抱えている人。この口ぐせで、大事な問題をはぐらかしているよう

に感じたら、真正面から「今はどうなんですか?」と問い返してみるといいでしょう。

また、稀なケースですが、わざわざ「あの頃は」と昔話を持ち出す事で、相手に「あなたの話は古い」「過去の事を持ち出さないでほしい」と婉曲に伝える場合もあります。「あの頃はこうでしたね。ちょうど今、あなたが言っているように」という含みがあるわけです。そんな時は、相手があなたの話を迷惑に感じている証。自分の話が自慢話になっていないか、ただの現実逃避になっていないか、もう一度見直してみましょう。

傾向と対策

自慢話や現実逃避になっていたら、「今はどうなんですか?」と聞き返してみよう

へえ

「こないだ営業トップになってさ」

「へえ」

「二か月連続って、久しぶりの快挙なんだって」

「へえ」

「四か月連続で記録更新だってさ」

「へえ」――。

かつてのバラエティ番組のように、「へえ」をやたらと連発する人っていませんか？　多くの場合は単なる相づちで、無意識のうちに、つい口から出てしまうケースです。「へえ」の波状攻撃を受けても、気にする必要はありません。

しかし、なかには話を聞きたくないため「へえ」を使う人もいます。話がごちゃごちゃしていたり、冒頭のような、聞きたくもない自慢話だったとき、「ちょっと面倒だな。早くこの場をやり過ごしたい……」という消極的な気持ちが「へえ」

の連発に繋がるのです。この場合、原因は話している側にあると言えます。もし、あなた自身が会話中「『へえ』と言われ続けているなぁ」と実感したら、相手は自分の話を聞きたがってないのかなと、一考すべきです。もしそうだと感じたら、その話は潮時だと認識しましょう。

もう一つのパターンとして、とりあえず対人関係だけは保ちたいという意識から、「へえ」を連発する人もいます。ちなみに、その人が考える人との繋がりは、糸一本で繋がるようなほそーいもの。橋でも架けて、正面から意見を言い合うなんて意識は皆無。

そんなとき「ちゃんと話を聞いてよ」「お前の意見を言ってみろ！」なんて言ったら逆効果。相手はあなたの意見に反論したいわけではありません。糸一本といえど人と人の繋がりを求めている。その気持ちを拒絶することになってしまいます。気にすることなく話を続けることが、相手への思いやりと言えるでしょう。

傾向と対策

相手が話をあまり聞きたがっていない可能性も。そう認識したら、言われた側は、話を打ち切って、違う話題に変えよう

君はどう思う?

誰かと会話をしているとき、突然「君はどう思う?」「あなただったらどう考える?」と急に話を振られ、慌てることってありませんか?

この口ぐせを言う人の多くは、自分自身に自信が持てないタイプ。一応自分の意見もあるけれど、口に出すほどの自信が持てない。そこで、ついつい他人の意見を聞きたがるというパターンです。

では、「君はどう思う?」と質問されたら、どのように答えればいいでしょうか? いきなり「自分で考えたら?」「私が言うことじゃないよ」などと返してしまえば、相手は途方に暮れてしまいます。自信がないからこそ、あなたの助言を求めているのです。しっかりと自分の意見を答えてあげるのが鉄則です。

ただし、その際は、相手への思いやりの気持ちも持ちながら、言葉を選ぶことを忘れないでください。

例えば、彼氏のことで不信感を抱えている友人から、「彼氏と別れるかどうか悩んでいるんだけど、あなたはどう思う？」とシリアスな質問をされたとします。そのとき、ただ思うままに「別れなさいよ」と言ったのではダメです。「もし好きという気持ちがあるなら、踏みとどまるのも大切だよ」と、相手の気持ちを思いやって発言をすべきです。本当に好きならば納得するし、そうでなければ反論してくる。友人がありがたいと感じるアドバイスを心がけましょう。

なお、自分の意見を言った後には「そういうあなた自身はどう考えているの？」と付け加えることが肝心です。自分の意見をたくさん言うことで、人は進むべき道を決めるものだからです。

また、なかには親切心で「君はどう思う」と言う場合もあります。「いつも自分ばかり長く喋り過ぎているな」と考え、「時々は相手の意見も聞かなきゃ」と相手の意見も尊重するケースです。これは、気遣いの表れです。その良心を受け止めて、自分の意見を述べるようにしましょう。

傾向と対策

自分に自信がないから他人の意見を聞きたい人の口ぐせ。真摯に答えてあげよう！

何かとバタバタしてまして

仕事で忙しそうな人がよく口にする常套句に、こんな言葉があります。

「何かとバタバタしていまして」――。

でも、改めて考えてみると妙な言葉ではありませんか？

ビジネスマンであれば、日常的にみんな忙しいはず。それにもかかわらず、ついこう言ってしまうのは、なぜでしょうか？

まず考えられるのは、遠回しに弁解するケース。「バタバタと忙しいから十分に仕事をこなせず、仕事の依頼にも応えられず、申し訳ありません。それを理解してください」というお願いの気持ちを込めるときです。その弁解にどう応えるかはあなた次第。「今度じっくり仕事できる時間を見つけたいね」と優しい言葉をかけてあげれば、相手はその場を凌げたと、ほっとすることでしょう。

ところが、同じ言い回しでも、自分の力量をアピールしたいときに使われるケースがあります。「私は能力があるから仕事が多くて忙しいんだ。あなたとは違う

んだ」ということを伝えるために「何かとバタバタしてまして」という常套句を使うのです。「忙しくて忙しくて」という口ぐせを多用する人も同様。自己顕示欲が強い人に多く、自慢したいという気持ちが透けて見えます。

相手の口調が自慢気に感じたら、こちらのケースと考えていいでしょう。しかし「不遜なヤツだ」と腹を立ててはダメ。相手の自慢話にまともに取り合うのは、ばかばかしいもの。「いつもいつも忙しそうですねえ。よほど売れっ子なんでしょうねえ」ぐらいの軽口でお返ししましょう。

傾向と対策

遠回しに弁解するときに使われる傾向が強い。優しい言葉で弁解に対応してあげよう

しょせん

何かチャンスの芽が転がっているとします。しかし、その芽から花を咲かせるには、大変な努力を伴うことが予想される――。そのとき、あなたは次のどちらの言葉を口にしますか？

①「よし、やってやろうじゃないか」

②「しょせん、俺には無理だよ」

人間というのは、ポジティブな言葉を口にしていると、その言葉によって自分に暗示がかかり、本当に現実となっていくケースが多くあります。居酒屋チェーンを展開するワタミの渡邉美樹社長は、夢を手帳に書き続けることの大切さを説きます。こうすることで「俺は絶対に夢がかなう」と自分に暗示をかけることができるからです。

逆に、マイナス思考になればなるほど、人間は成功をつかむことができなくなります。「無理だ」と思ってしまえば、自分にカギをかけ、その一歩を踏み出さなくなるからです。よく耳にする「病は気から」という言葉は、まさに「言葉が持つ力」を証明しています。あなた自身、ちょっと過去を振り返ってみてください。「ちょっと無理かもな」と思ったとき、多くの場合、失敗しているのではないでしょうか。

先の問いかけに「②」と答えた人は、マイナス思考のカタマリと言わざるを得ません。「しょせん」という口ぐせを多用すればするほど、チャンスはどんどん逃げていってしまいます。あなた自身「しょせん」が口ぐせの場合は、今日この時点から、この言葉を封印してください。ほんと、人生が変わりますから！

一方、話相手が「しょせん」という言葉を口にしたら「そんなことないよ！」と励ましてあげるのが一番。「しょせん」が口ぐせの人は、人から激励されるのを待っている性格の持ち主でもあります。徹底的に励まし「よし、やってやろうじゃないか」という気持ちにさせていきましょう！

傾向と対策

マイナス志向のカタマリ人間の可能性が高い！
「そんなことないよ！」と激励し、奮い立たせるべし！

今度、こっちから連絡するよ

気になる女性と二回目の食事。会話も弾み「これはイケる！」と手ごたえを感じたその日の別れ際、その女性からこう言われたら、どのような気持ちになるでしょうか。

「今度は、私（こっち）から連絡するね」――。

このように「今度、また連絡する」ではなく「今度、こっちから連絡する」と、わざわざ〝こっちから〟という断りを入れる人がいます。

冒頭のようなセリフを女性から言われたら「俺から連絡しちゃいけないのかよ！」と落ち込んでしまいがちですが、それは早計というものです。この場合は、言葉のイントネーションや相手の表情に注目して、その真意を探っていくことが大切です。

本当に忙しい雰囲気が伝わってきたのであれば、その人はあなたに対し「少しの間、連絡のやりとりはできないけど、必ず連絡するわ」という気持ちを持っていると考えられます。もし、あなたから連絡が入ったとしても、対応することができず、迷惑をかけるだけだという気持ちから〝こちらから〟と発言しているのです。

したがって「俺から連絡してはいけないんだな」と落ち込む必要はありません。「了解。連絡ちょうだいね」と言えば、二人の関係は上昇気流を描く可能性が高いといえます。

一方、言葉に力強さもなく「今度、こちらから連絡する」と言われたら、それは「もしかしたらサヨナラのサインかな?」と考えたほうがいいかもしれません。特に、相手がそれほど忙しい雰囲気でないようであれば、その可能性が高いといえます。相手は「もう会わない」とは言わず、オブラートに包み込みながら発言しているのですから、そこはあなたも大人になって「了解」と言って、お互い別々の道を歩んでいこうではありませんか。

傾向と対策

相手の言葉に力強さがなければサヨナラのサイン。「了解」と言って、別々の道を歩もう

どっちでもいい

「和食と洋食のどっちがいい？」
「どっちでもいいよ」
「洋食だったらイタリアンかな？　地中海料理にしようか？」
「どっちでもいいよ」――。

相手からの問いかけに対して、自ら選択せずに、相手に決定権をゆだねる人がいます。

多くの場合、自己主張することを嫌う遠慮深い性格と見ることができますが、相手が「じゃあイタリアンね」などと最終決定したとき、次のように返す人は、その性格だとは言いきれません。

「えー！　イタリアン？　やだー」――。

このように相手に決定権をゆだねながら、その決定事項に満足がいかないと、「えー！」と拒否反応を示す人は「自分は王様」と無意識のうちに考えている可能性があります。小さい頃から、親が何でもやってくれたため、自分で選ぶ必要もなく、依存体質になってしまったのでしょう。それでいて親が選んだものに不満があれば「それやだー」となる。すると親は、子どもの満足のいくように選び直す。まさに王様状態です。そのままの状態で大人になってしまったといえます。

その人にとって相手は「心が許せる親しい友人」であることは間違いありません。だから甘えてしまうのです。そして、その友人は自分の好みをちゃんと理解していると思い込んでいます。かつての親のように、です。

こんな人に対しては、どんな反応を示すべきなのでしょうか。

決定権をゆだねられたたにも関わらず、その選択に「えー！」と拒否反応を示されたら「だったら、あなたが選びなさい！」と、時にはピシャリと叱ることも必要。大人になっても王様状態が続いていたのでは、人に好印象を与えることはできません。それを改めさせられるのは、親しい間柄である友人しかいません！

傾向と対策

選択を任せておきながら決定には不満顔なのは、自分は王様と思っている可能性大。ときにはピシャリと説教すべし

なんか面白いことない？

会うと決まり文句のように、こう問いかけてくる人がいます。「なんか面白いことない？」――。

このセリフを耳にすると「自分から面白いことを提案してくれよ」と思ってしまいますよね。確かにこの言い回しは、なんだか他力本願で、そうした気持ちを抱かせてしまう側面はあります。

しかし、発言者の多くは、相手がそう感じることは理解しつつ、それでもこの言い回しを使っています。

なぜかと言えば、自分自身の気分を高揚させたいからです。

自分の気が晴れないため、なんか面白い話が聞きたいと思い、ある意味「すがる気持ち」で、この言い回しを使っているのです。相手の話からパワーをもらいたいという心境です。

これって、なかなか前向きな取り組みだとは思いませんか？　聞かれた方も、

楽しい話題を答える必要があるため、気持ちはポジティブになれます。もし相手から「最近、つらいことあった？」などと聞かれてしまえば、気持ちはズシンと落ち込んじゃいます。「最近釣りに凝ってて、こないだ大物を釣ってさ！」などと答えれば、双方とも明るい気分になります。

もし、会った人が、何となく落ち込み気味だなと感じたら、その相手に「なんか面白いことない？」と口にしてみてください。きっと双方にとってプラスの結果になるはずですから。

傾向と対策

自分自身の気分を高揚させたいがための言い回し。楽しい話をしてあげよう

まぁ、いいじゃん

「あいつ今日もサボっていましたよ」

「まぁ、いいじゃん」

「部長に報告したほうがいいのでは？」

「まぁあれぐらい、いいじゃないの」――。

これを読めばわかるとおり、この言い回しを好んで使う人は、非常に楽天家と言えるでしょう。また平和主義者という側面も持っています。

冒頭の会話で言えば、もし部長に報告することに同調すれば、のちにトラブルに発展することは目に見えています。でも「まぁ、いいじゃん」と言っておけば、トラブルを回避することができます。

こうした人は、けっこう人生を楽しく過ごしています。同僚が先に出世しても、いじいじ悩むことなく「まぁ、いいじゃん」とわが道を歩みます。どうでしょうか。うらやましい性格と言えるのではないでしょうか。

ただし、何かマズイ状況になったとき「まぁ、いいじゃん」「まぁ、いいか」を連発する人は、楽天家というよりも、粘り弱く、こらえ性のない性格と見ることができます。まず、信頼されないでしょう。

全然よくない状況なのにもかかわらず「まぁ、いいじゃん」と言ってすぐに諦めたり、開き直ってしまう。そして、言ったあとは、あっという間に過去を忘れ、次しか見ない。このタイプの人は、ものごとに長く固執するのが苦手です。

しかし、ずっとそのスタンスで生きていると、何もつかむことができなくなってしまいます。〝石の上にも三年〟という言葉があるように、時には、途中で逃げ出さずに、腰を据えて取り組まなければならないことはあるものです。

もし、あなた自身「まぁ、いいじゃん」とすぐに諦める傾向が強ければ、一度この言葉を封印して「よし、やってやろうじゃないか」と踏ん張ってみましょう。努力してコツコツ頑張ることも、時には必要ですよ！

傾向と対策

全然良くない状況の場合はこらえ性のない証。〝石の上にも三年〟という言葉をかみしめるのも時には必要！

どうせ～だから

「どうせオレは仕事が遅いから」「どうせ私はモテないから」……。何をやってもうまくいかず、後ろ向きになりがちなときに出る「どうせ……」の一言。

言いたくなる気持ちはわかるものの、これを聞かされたほうはあまりいい気持ちはしません。卑屈な感じを受けるし、場も盛り下がるし、そんな会話に付き合うのは嫌なものですからね。

これを多用する人には、大きく分けて2つのパターンがあります。

一つは、消極的でネガティブな考えの人。最初から自分はダメだと思い込み、自信もなく、ポジティブな考えができない人です。ほんの少し頑張れば、チャンスが生まれるのに、「どうせ……」と諦めてしまう。前向きに考える人から見ると、ずいぶんもったいない人生に映るでしょう。

しかも、これが行き過ぎると、自分の悲劇性に酔ってしまう一種のマゾヒストにもなります。「オレってこんなもんですよ。あはは」と開き直って、現状に満足してしまう。

こんな人には、誰かの成功談を例に出して元気づけようとしても逆効果。「あの人は才能あるからいいけど、どうせオレなんて結局……」と、またまた卑屈になってしまいます。「ま、結構みんな似たような悩みを抱えているよ」ぐらいの軽いノリで愚痴を聞くのがいいでしょう。

もう一つは、なぐさめ要求のパターンです。自分ではダメだとあまり思っていなくても、「どうせ……」と言うことで、「そんなことないよ、君のいいところをみんなが知らないだけだよ」といった相手の優しい言葉を要求している場合です。飲み会の席では多いのではないでしょうか。

そんな人に「そりゃ大変だね」なんて相づちを打とうものなら、あとが大変。ここは、少々面倒だと思っても、相手の要求どおりなぐさめてあげるのが一番。間違っても「オレもお前はダメだと思うよ」と言わないように！

傾向と対策 ネガティブな人と、なぐさめ要求の人がいるので、それぞれに合った対応をしよう

5章

chapter5【口ぐせ編】

批判系の口ぐせ

あらゆる物事に対して、批判をしたがる人がいます。
「こんなこと言いたくはないんだけど」「ムリムリムリ」など、
そんな人が使いたがる19個の口ぐせを紹介します。

あなたは恵まれているからできる

本当に恵まれている人を見ると、つい「あなたは恵まれているからできるんだよ」と言いたくなってしまうのが、人間の性です。例えば〝七光り議員〟が偉そうにしていると、こうした愚痴の一つや二つこぼしたくなります。

しかし、普通に日常生活を営んでいる人に向けても、この口ぐせを言う人がいます。例えば、育児だけでなく、仕事にも積極的に取り組んでいる女性を前にして、専業主婦がこんなことを言うケースがあります。

「あなたはご家族の協力があるから……（その仕事に挑戦できるのよ）。すごく恵まれていてうらやましいわぁ。私なんてさ……」。

確かに「あの人にはあって、自分にはない」というものはあります。しかし、冷静に分析すれば「自分にはあって、あの人にはない」ものもあるもの。その部分を無視して「あなたは恵まれているから……（できるのよ）」という言い方をする人は、かなり嫉妬深い性格といえるかもしれません。つい口にしてしまうという点で、あまり物事を冷静に見つめない、感情が先に立つ人の可能性も。

この口ぐせに対しては「みんなそれほど違わないと思いますよ。私も……」と言って、その場をマルくおさめるのが得策です。あるいは「おかげさまで」「そうなんですよー。家族の協力のおかげです、ほんと」などと肯定するのもいいでしょう。ただしこの場合は、嫌味と捉えられないように、口調には気を付けてくださいね。

あなた自身がこの口ぐせを使っている場合は、相手に挑戦的な気持ちを抱かせてしまう可能性があることを肝に銘じておきましょう。前述の「あなたはご家族の協力があるから〜」と言った場合、「家族の協力がなければ、決してできなかったってこと？　一人じゃ何もできないと言いたいの！」と、相手が感じ取ってしまうかもしれないのです。テレビ画面の〝七光り議員〟に向かって言うぐらいにとどめておいたほうが無難です。

傾向と対策

嫉妬深い性格の持ち主のため「みんなそれほど違わないと思いますよ。私も……」とその場をマルくおさめよう

今の若い人ときたら

「今の若い人ときたら、電車の中でケイタイばっか見てて、本も読まない」

「イマドキの若いもんは、上司の飲みの誘いも普通に断りやがる」――。

こうした発言をするのは、当然「今の若い人」の上の世代。主に若い人の行動に対し文句を言いたいときに使います。「私（自分の世代）は、ちゃんとできている。できていない若いヤツは正しくない！」と思ったとき、思わず口に出る言葉と言えます。

その内容は、若い世代にとって〝反省すべき事柄〟であることも少なくないのですが、時たま「自分の世代にとって正しいこと」が、今の時代に合っていないこともあります。

例えば、冒頭で紹介した「電車の中でケイタイばっか見てて、本も読まない」についても、若い人はケイタイで電子書籍を読んでいる可能性もあるのです。

「上司の飲みの誘い」も、もしかしたら誘われる回数が多すぎて、若い人が困惑

していることも考えられます。

こうした場合、若い世代にとっては、それこそ「今のおやじ世代ときたら」と思うはずです。

自分たちの世代だけの価値観で物事を判断するのは、あまりに傲慢です。もし、自分に思い当たる節があるならば、これを機に注意するようにしましょう。

なお、その内容が正しいものであれば、言われた側は素直に反省すべきです。言った人に向かって「すみませんでした」ときちんと謝罪することが大切です。

傾向と対策

自分の世代だけの価値観を重要視している可能性が高い。もし間違った価値観であれば注意する

こんなこと言いたくはないんだけど

先生や上司、両親など目上の人から「こんなこと言いたくはないんだけど」と諭された経験、誰にでもあるハズ。そのとき、心の中で「言いたくないんだったら、言うなよ！」とツッコミを入れたことありませんか？

「ある」と答えたアナタは、ちょっと反省しなくてはいけません。「こんなこと言いたくはないんだけど」と前置きをつけるのは、あなたのことを思っているがゆえなのです。

次の二つの文句を読み比べてみましょう。

「お前最近、たるみ気味だぞ」

「こんなこと言いたくはないんだけど、お前最近、たるみ気味じゃないか」――。

どうです？　ズバリ非難をしている前者に比べ、後者は、相手を傷つけないように配慮していることが、その言い回しから伝わってきませんか。あなたに対する親切心も漂ってくるではありませんか。

この言い回しを使う人の多くは「できることなら言いたくない」と思っています。それでも、言わなければ相手はいつまで経っても気付かない。そうした心の葛藤を経て、仕方なく「お前～」と注意しているのです。

最初に「こんなこと～」という言葉をつけているのは、そうした心の葛藤の表れなのです。

少々気が弱い部分があるのも、この口ぐせを使う人の特徴です。ストレートに言えば、反感を買うかもしれないという気持ちも持っています。それでも、あえて口に出すのは、あなたを思っているがゆえなのです。

そんな相手に「だったら言うなよ！」という気持ちを持つのは、いかがなものでしょうか。ここまで読んで、過去の自分を振り返り「俺ってやつは……」と心で涙を流している人、いますよね。これからは、その忠告を素直に受け取っていこうではありませんか。

傾向と対策

あなたのことを思っているからこその言葉。「だったら言うなよ」と思わず、真摯に受け止めるべき！

基本的にはいい

企画会議でアイデアを出したとき、上司からこんな一言をもらうときがあります。「基本的にはいいと思うよ」――。

本来、「基本的にはいい」という言葉は前向きな言い回しです。「大筋では問題はないので、後は細かいところを詰めよう」という段階で使う言葉。いきなり修正点を指摘しては相手を傷つけてしまうケースもあるので、それを避け、相手を気遣う配慮もあります。「基本的にはいい」と言われたら、一歩前進と考えて問題ありません。

しかし、「基本的にはいい」と言われ、ほっとしていると、あそこも、ここも、あんなところも修正しなきゃいけないらしい……。細かい修正のオンパレードで全面見直し、なんていうケースもあります。このような場合は「基本的にはいい」はあくまでも建前の言葉。本心では、あらゆる面を直していく必要があると思っています。つまり、その上司が言う「基本的にはいいと思うよ」は「基本からダメ」と同じ意味なのです。

自分のアイデアがないがしろにされた点で、憤りを感じるかもしれませんが、上司は、部下を傷つけないために、あえてこの言い回しを使っている可能性もあります。この部分はしっかり見極めるべきです。もし、明らかな嫌がらせであるならば、違う上司に相談するなどのアクションを取るようにしましょう。なお、親切心であったとしても、ストレートに言ってほしいのであれば「ダメならダメと言ってください」と直訴するのもいいでしょう。

また「基本的にはいい」と言ったきり、具体的なことを言わず、曖昧に終わらせる人もいます。具体的に指摘するのを避けているのか、誤魔化したいのか、いろいろなケースがありますが、これもどこかを不満に思っている気持ちの表れ。そんな人には、教えてもらおうという態度を示し、「まだ細かいところで修正点があるのですね。そこはどこでしょうか？」と聞いてみるといいでしょう。

傾向と対策

大筋では問題ないと思っているからこそ出る言葉。まずは一歩前進と考えてOK

ムリムリムリ

「こんなアイデアを考えたんだけど、どうかな?」

「ムリムリムリ」——。

この言葉は、いわば否定の最上級。「あなたの意見は絶対受け入れられない」と全面的に拒絶しているようなもの。「ムリ」よりも強烈な「ムリムリムリ」という言葉で先手を打ち、相手とムダな言い合いをしたくないという意思表示です。どちらかといえば、気が短い人に多い口ぐせ。こんな風に言われたら、これ以上この人にアピールしても可能性はなし。別の話に切り替えたほうが無難です。

また、自分を優位に見せたいという気持ちから、このセリフを使う人もいます。「あなたより私のほうが頭もいいし上なんだ」という気持ちが先走り、最初から妥協点を見つける気持ちもない。上司でよく見かける攻撃的なタイプの人です。こんな場合も、争いを避けるため、早めに話題を変えましょう。

一方、相手ではなく、自分自身に対して使う場合もあります。

「○○君、この資料、明日までにまとめといてくれるかな」

「いや、ムリムリムリっす」――。

この場合も、部下が上司の考えを受け入れたくないという気持ちの表れ。ただし、性格的には正反対。攻撃的というよりは消極的といえるでしょう。「もう許してください」と言っているようなものですからね。

こんな「ムリ」に遭遇したときは、どう対応したらいいでしょうか？

「自分にはできっこない」と最初から諦めているようなもので、正面から相手の「ムリ」を無理にこじあけようとしても、それこそ「ムリ」です。

方法としては、多少やわらかい冗談で入っていくことがコツです。「ムリムリって、その扉はなんとか開かないものかね？　君ならできると期待しているんだがな」と軽口を交えながら懐柔するのも一つの策。なにしろ相手は「ムリ」で固めた難攻不落の要塞。正面ではなく脇から攻めるのが鉄則と言えます。

傾向と対策
相手に「ムリ」と言う場合は、諦めが肝心。
自分に「ムリ」と言う人には冗談でその気にさせる

イライラする

上司の指示に対して「あー、イライラするなぁ」

机が汚れていると「あー、イライラする」

晴れても曇っても「あー、イライラする」――。

とにかくなんでも「イライラ」している人って、たまに見かけるものです。

誰だって虫の居所が悪いときはあります。失敗が重なったり、うまくいかないことが続けば、つい口に出てしまう言葉でしょう。

けれど、四六時中「イライラする」と言っているのであれば、相当ストレスを溜め込んでいる状態と判断できます。

こういう人がいたら、不満が爆発しないよう注意しなければなりません。かんしゃくを起こされて被害を受けるのもバカらしいですから。

相手は一発触発の状態なのですから「そんなにイライラするなよ」「周りのことも少しは考えろよ」とストレートに言ってしまっては逆効果です。相手の行為

を否定することは決してせず、穏やかな態度で、自分も共感していることを示すといいでしょう。「オレも最近、ずっとイライラしていてさ。お互いイライラ病かねえ」といった具合にです。

あるいは、仕事とは関係ない趣味の話をしたり、飲み会や合コンに誘って気分転換を図るのもいいでしょう。

イライラはそのうちおさまるもの。ちょっとしたきっかけで、なくなるかもしれません。相手の気分が落ち着くまで、辛抱強く待つことをおすすめします。

傾向と対策

ストレスを溜め込んだ状態。

相手の気持ちに共感を示しながら気分を落ち着かせよう

なんで自分だけが○○しなくちゃならないの

ビジネスマンともなれば、会社に対して何かしらの不平不満は抱いているもの。特に、自分だけにシワ寄せがあると感じたときは、「なんでオレだけが、毎日残業しなきゃならないんだ」といった具合に愚痴の一つも言いたくなります。

もし、あなたの会社でこう言う人を見かけたら、不満が募っている証拠。上司の立場であれば、その人に仕事の比重が偏っていないかチェックする必要があるでしょう。同僚や部下であれば、時には手伝ってあげることも大切です。

けれど、周りの人から見ると、「おいおい、お前だけじゃないだろ」って感じるときもあります。

そんな人は、「周りに比べて自分だけが損している」という気持ちが強く、被害者意識にとらわれやすい性格の持ち主。「自分だけが」と思いがちで、周りのことはあまり見えてないケースが多いといえます。

では、そんな人にはどんな反応をすればいいのでしょうか。

よほど気心の知れた同士なら、「大変なのはお前だけじゃないぞ！」とストレートに言うのもアリですが、そこまでの間柄でなければ、穏便に済ますのが得策。「お前も大変だと思うけど、みんなも同じようなものだと思うよ」と、相手の気持ちを受け入れつつ、穏やかに諭してあげるといいでしょう。周りの状況を知らせれば、「自分だけじゃない」とそのうち気づくはずです。

ちなみに、似たような言い方で、「なんで私が、こんな面倒な仕事をしなくちゃいけないの」という表現もあります。「私だけが」を「私が」に変えただけですが、その人の心模様はまったく違ってきます。

「私はそもそもこんな仕事をするような人間じゃない」「もっとレベルの高い人間だ」と主張したいわけです。被害者意識ではなく、特権意識を持った人と言えるでしょう。そこまで主張するのなら、わざわざアドバイスを送ることもありません。お手並み拝見といきましょう。

傾向と対策

被害者意識が強くて言うケースもある。
「みんな同じもんだ」と穏やかに諭すのが得策

あの人は〜だから

「あの人は関西人だから、値段にはシビアよね……」「あの人は東大出だから、プライド高いよね……」。相手にわかりやすく伝えるため、ついこんな決めつけた言い方をしてしまう。あなたも口に出した経験、あるのではないでしょうか？

友達同士の軽い会話のなか「あの人はA型だから、几帳面だよね……」と半分冗談のつもりで言う分には、何の問題もないでしょう。噂話を面白おかしく演出するための味付けのようなものです。

しかし、「あの人はA型だから、頭が堅くて、この企画の面白さがわからない」と、重要なテーマでも決めつけるようになったら、ちょっとやり過ぎです。

今や価値観も多様化し、人それぞれ考え方もタイプも違います。それを、無理矢理一つのワクに嵌めようとするのは、強引な話です。そんな人ほど、ステレオタイプな考えの人。人間の多面性を理解できず、一つのタイプに分け、レッテルを貼ることで安心するのです。そんな言動があまりに多い人には、注意を払うこ

女は無責任で
あの人は女だから今回のプロジェクトからはずすべきです。
感情的ですから
えーと
君も女、だよね…

とが必要です。それほど根拠がないことなのに、「あの人は～だから」と言われると、なんとなく既成事実のように感じられ、少数派の意見が無視される可能性さえあるからです。

そこで、暴走を止める一言があります。「一般論じゃなく、あなたはどう思うの？」と問いかければいいのです。

ステレオタイプな見方をする人間ほど、他人の意見の受け売りが多いもの。そこで、自分の考えを問われてしまうと、簡単に意見は揺らいでしまうでしょう。

傾向と対策

重要な問題でもこの言葉が飛び出したら要注意。
一般論じゃなく、個人の意見を聞こう

お言葉を返すようですが

「中村くん、ちゃんと仕事をしてくれないと困るよ！」という上司の注意に対して「申し訳ないです。すみません」と謝罪するのではなく、怒りの表情を作って、こう返す部下がいます。

「部長、お言葉を返すようですが、私は今日の仕事のノルマはすべて終わらせました。仕事をしていないというお言葉はどうかと思います」――。

この部下、間違いなく怒っています。すわ、戦争か！　上司に対して宣戦布告ともいえる状況です。このとき上司は「お前、その口のきき方はなんだ！」とすぐに言い返してはいけません。この発言をする人は「自分は絶対に正しい。だから言うしかない」と決死の覚悟を持っていると考えて間違いありません。上司が言い返せば、必ずトラブルに発展します。

言われた側は「自分の発言に間違いはなかったのか」と、咄嗟に考えるべきです。そして、もし自分に非があることがわかれば、素直に謝るべきです。それが部下への信頼を獲得していくのです。

では、言われた側に非がない場合は、どうしたらいいのか。その場合も怒ってはダメ。「そうかそうか」と鷹揚に受け止めてあげましょう。そうすれば相手は「あれ？」と肩すかしをくらって、自分の発言を振り返るものです。ケンカ腰で対応すれば、戦争が始まってしまいます。

このように、この言い回しは「怒っている人」が使うケースが多いのですが、中には「他人をおとしいれたい」ために使う人もいます。相手の発言に対して「いいことを言ってるつもりだから、俺がひっくり返してやろう」という気持ちで「お言葉を返すようですが」と打って出るわけです。この場合も、その内容が他愛のないものであれば、いちいち反論しても時間のムダですから「そうですか。わかりました」と受け流しておけばいいでしょう。徹底的に反論するのは、どうしても聞き流せる発言ではないときに限っておくべきです。

傾向と対策

決死の覚悟を持って反論している状態。
言われた側は自分の発言に間違いがなかったか振り返るべき

別に……

この言葉を使う例として、くどくど説明はいらないかもしれません。某女優の有名なあのシーンを思い浮かべていただければ十分です。

「どんな想いでクッキーを焼いたのか聞かせていただけますか？」

「別に……」――。

その場が凍り付くような一言。「私とあなたは別よ。だから余計な質問しないで」と言っているようなもの。たかがクッキーの話なのに、怒りや敵意まで込められているかのようです。一部の若者からは、これが支持されたそうですが、他人に気を遣い過ぎるような日本社会の中で、遠慮しないものの言い方に共感したのかもしれません。

ただし、これは極端な例。友達同士の会話では普通に使う言葉の一つと言えるでしょう。

「クッキー食べようよ。好きな種類ってある？」

「別に……」——。

そこには、やる気の無さや無関心さは伝わっても、敵意までは込められていません。このように仲の良い人に対して使う場合は、それほど意味を持った言葉にはなりません。しかし、そうでない人に対して使う場合は、強烈な皮肉や批判の言葉になってしまいます。公共の場で、インタビューされた時に言うのであれば、まさに敵意の表れといえます。

そんな人に対しては、やはり触らぬ神にたたりなし。よほど不機嫌なことがあるんだと解釈し、そっとしておきましょう。

傾向と対策

公共の場で言うのは敵意の表れ。
この場合、刺激しないほうが無難！

悪く言えば

「あいつは、自分の進む道を信じて疑わないね」で、終わらせればいいところを、その後に「悪く言えば、自意識過剰なんだよな」と〝悪く言えば〟を付けて発言する人がいます。

「どちらが本音?」と思うかもしれませんが、まず例外なく〝悪く言えば〟の後の言葉に本音が隠されているとみていいでしょう。

では、この人はなぜ最初から「あいつは自意識過剰なんだよね」と言わないのでしょうか。

それは、私たち日本人の社会が直接的な言い方を好まないからです。間接的な言い回しでコミュニケーションを取る傾向の強い日本人にとって「あいつは自意識過剰だよ」と言い切るのは勇気がいるものです。

「でも、それならば何も言わなければいいのに……」と思うかもしれませんが、この人は、それでも言わずにはいられないのです。だから「悪く言えば」と付け加える感じで、本音を言っているのです。その点では、ちょっと嫌味が過ぎる部分もあります。

もし、この言い回しの使用頻度の多い人は、気を付けてください。「あいつは嫌味ったらしいよ」と思われてしまうからです。どうしても言いたいのであれば、ここはやはり正々堂々と「俺はこう思う」とズバリと伝えるべきです。

この言葉は、当事者である人間を抜きにして語られます。言葉を受けた側はどのように返せばいいのでしょうか。

間違っても「そうだよな」などと同調してはいけません。当事者がいない状況で、さらに本音を隠している状況なんですから、同調すれば、それこそ嫌味の人間になってしまいます。

この場合は、あえて何も言わずに「それはそうと」と、話を打ち切るように持っていくのがベストです。

傾向と対策

「悪く言えば」のあとの言葉に本音が隠されている！
当事者不在の陰口になるため、同調せずに話を打ち切ろう

最近、太った？

久しぶりに大学時代の友人たちと会ったとき、挨拶代わりに「お前最近、太った？」「最近、白髪増えた？」などと容姿のことを聞く人がいます。「あー、俺だ」と、思わず自分に指を指しちゃった人も多いかもしれませんね。悪いことはいいません。今日限り、この口ぐせは封印してください。

セクハラ発言に該当するからです。セクハラ発言というと「性的な言動はNG」と理解している人は多いのですが、容姿についての言動もNGです。「男性に対してはいいいんじゃないの？」と思うかもしれませんが、セクハラは決して女性だけが対象のものではありません。それに最近の男性の多くは、容姿に敏感ですよ！

この種の口ぐせを言う人の多くは、あまり深く考えることなく発言していますす。しかし、本当に白髪の多い人は、その話題に触れてほしくないと思っているものです。友人と会う前に、白髪を隠す努力をしたことも考えられます。それなのに「最近、白髪増えた？」と言われれば、そりゃあ傷つきますし、ムカつくものです。自分が「太った・白髪が増えた」などの悩みを抱えていない人は、相手の苦しみが理解できないため、この口ぐせが口から出る傾向が高いと言えます。

ここまで読んで「本当に仲がよい相手にしか言ってないから大丈夫だよ」と反論する人もいるかもしれません。しかし、もしかしたら相手は「しつこいなぁ」という気持ちを抱いている可能性もあります。ここは一つ、親しき仲にも礼儀ありの精神で行こうではありませんか。

ただし一つだけ容認すべき例外があります。相手が本当に心配して「最近、太ったんじゃないの」と問いかけている場合です。相手の顔の表情や口調を見れば、挨拶代わりなのかそうでないのかの判断はつくものです。もし、真剣な表情で言われたのであれば、言われた側は「うん。大丈夫だよ」などと答えて相手を安心させる必要があります。

傾向と対策

あまり深く考えることなく言っているケースが大半。でもセクハラ発言なので、相手に注意する勇気も必要

だから言っただろ

部下が失敗をしたときに出る上司の口ぐせに、こんな言葉があります。

「なんで同じ間違いをするんだよ。だから言っただろ！」

上司としては、部下を指導し、育てる立場から、なにかとフォローしなければいけません。部下が間違えたと知ったらアドバイスも必要です。それでも目に余るときに、ついこんなキツイ言い方をしてしまうものです。つまり、少々怒りがこもっている言葉と言えます。あなたがこう言われたら、早めに態度を改めたほうがいいでしょう。

ただし、あまりいい気持ちがしない言葉であるのも確かです。「だから言っただろ」は、上の立場の人間が下の立場の人間に向かって言う言葉で、その逆はありません。そのため、高圧的な態度や権威主義を感じ取り、叱責されたと思うだけでなく、侮蔑も感じるからです。

しかも、失敗が起きてから「あのとき、ああすれば良かった」とは誰だって言

だから言ったじゃないですかっ
つい押しちゃったんだよね
データ全部きえちゃったみたい
そのキーだけは押すなって!!

える話。まるですべてを予見したかのように言うのはズルイと感じ、なかなか素直になれないものです。

これも言い方の問題なんですね。あなたがもし上司で、この言葉を頻繁に使うようだったら、言いたい気持ちを抑えて、ぐっと飲み込む時も必要です。

「同じ間違いを何回もするなよ」――。

この一言で十分なシチュエーションがほとんどです。「だから言っただろ」は、相手を傷つける言葉だと認識して、使い方には十分注意してください。

傾向と対策

怒りが込もった言葉なので、即対応を。
自分が使う時は、相手を傷つける言葉と認識せよ

何様のつもり?

久しぶりの大学の同窓会。自分の転職成功体験を語り出し「やっぱさ、大手はいいよ。お前もさ、転職したらいいじゃん」などと発言する人がいます。そんな人は、こんな陰口をたたかれることになります。

「あいつ、何様のつもり?」――。

この言い回しには、強烈な怒りの匂いがぷんぷん漂ってきます。あまりに威張っている態度が鼻について、批判の一つも返しておかないと気が済まない心情が伝わってきます。

「その気持ち、わかるなぁ」と苦笑いを浮かべた人も多いのではないでしょうか。でも、ちょっとだけ〝度が過ぎるセリフ〟と言わざるを得ません。

しかも、この言葉は当事者がいない場面で語られるのが常です。その場で、正々堂々と「お前、ちょっと言葉が過ぎるぞ」と言えばいいのに、それができない。その点で、少々卑怯ともいえます。

また、この言葉を口にする人の気持ちには、対象者に対する「嫉妬心」が入り混じっている可能性もあります。

冒頭の例でいえば「あいつはうまいことやりやがって。俺もできるならばやりたいよ。だけどさ……」という嫉妬心です。その嫉妬心が、怒りにさらに火を付けるのです。

誰もが一度や二度は、このセリフを口にしたことはあるでしょう。でも、第三者に「そいつに直接いえない卑怯者」と思われている可能性があるのです。今後は改めていこうではありませんか。

もし、あなたが「あいつ、何様のつもり？」と打ち明けられたら、完全に同意したら、卑怯者の仲間入りとなってしまいます。

「まぁ、そういう人もいるよ」と肯定も否定もせずに、相手をなだめていきましょう。

傾向と対策

強烈な怒り、嫉妬心から出る言葉。
完全に同意せず、肯定も否定もしない言葉を返しておくのがベスト

あなたにはわからないと思うけど

「私の気持ちなんて、あなたにはわからないと思うけど……」――。

昼メロドラマあたりで、出てきそうなフレーズですよね。

このような言い方をするのは、多くの場合、相手に対して〝ひがみ〟を持っているから。それも相当のひがみ。「あなたみたいな恵まれた人に、私の置かれた状況なんて理解できっこない」という気持ちが言葉になって表れているのです。

また「私を理解しようという気持ちもないんでしょう」という気持ちも抱いています。その点で〝嫌味〟も感じとれます。

言われた側としては不快を抱く言い回しですが、要は、相手は誤解をしているわけです。もしかしたら、これまでの付き合いのなかで、誤解を招く発言をしてしまったのかもしれません。

それだけにまずは、誤解を解くことに注力すべきです。優しい表情で「まぁ、聞いてみないとわからないからさ」と言ってあげれば、相手のひがみは治まるはずです。「そんな言い方はないでしょう」と怒るのは、それでも、ブツクサ言っているときに限りましょう。

一方で、相手を侮辱するために、この言い回しを使う人もいます。例えば、仕事で我流を貫く同僚が、こう言い放ちます。

「お前にはわからないと思うけど、いつもこうやって局面を乗り切ってきたんだよ、俺は」――。

完全に相手を見下していますよね。自分の優秀さをひけらかしたかったのでしょう。こうした上から目線の人には、関わり合ってもムダ。「ご勝手にどうぞ」の気持ちでやり過ごしましょう。

もし、あなた自身が、この言い回しを使う傾向にあるのであれば、相手に「ひがみ」「嫌味」「侮辱」などの悪印象を与える可能性があることを理解しなければいけません。つまりは、なるべく使わないほうがいい言い回しです。

傾向と対策

ひがみから発せられる言い回し。
「まぁ話してみてよ」と優しく言って、ひがみを解消させよう

若干

「そのプランについては、若干問題があるな……」――。

会議などで何かを指摘するとき、「若干」とわざわざ付け加える人がいます。たいてい「若干」の後に続く言葉は、あまりいい意味ではありません。

この言い回しは、慎重で用心深い人が使う傾向にあります。本心では「問題がある」と思っていても、そのまま発言しては、コトを荒立ててしまう可能性がある。そこで、まわりに与える影響を先回りして考え、それを避けようと少し抑えた言い方をするのです。「若干問題がある」と言えば、見過ごす訳にはいかないけれど、そんなに深刻な感じはしませんよね。

例えば、知り合い同士ではこんな使い方もあります。

「お前の考えは、若干どうかと思うよ」――。

正面切って「どうかと思う」と反論すれば、親しい間柄でも険悪な雰囲気になるでしょう。それを「若干」という言葉で、オブラートに包み込んでいるのです。

その点で、非常に便利な言葉でもあるのです。もっとも、本音としては「どうかと思う」と変わらないのですが……。

気が強い人は、こういう言い方はしないでしょう。どちらかと言えば、「若干」気が弱い人に多い言葉です。会議でそんな人に向かって、「若干どころか、かなり問題があるんじゃないか」と、大げさに追及する姿勢を見せてしまうと、その人がせっかく抑えた言い方をした気遣いが水の泡に。「若干」と言われたら、注意事項のひとつと捉え、粛々と対応したほうがいいでしょう。

傾向と対策

慎重で用心深い人に多い。

こちらも、コトを荒立てるオーバーな表現は避ける

マジ？

これから帰ろうとしていた後輩が、先輩に呼び止められ、思ってもみなかった仕事を言いつけられる。そんなとき、こんな言葉が出るものです。

「残業って、マジですか？」

そもそもの話をすれば、「マジですか？」という言葉は「それって、真面目な話ですか？」というセリフの省略形。「真面目」を「マジ」と言うようになったのは、マンガやテレビの影響と言われていますが、いずれにしても遊び感覚がそのはじまり。そのため、「マジですか？」には微妙な「軽み」も加わっています。

例えば、冒頭と同じシチュエーションでも、

「残業って、真面目な話ですか？」

とまともに問い返すとトゲがあり、かなり強い抗議となるでしょう。しかし、「マジですか？」と答えれば、言葉に軽みがある分、マイルドな言い方になります。ただし、ことを荒立てたくないという配慮はあるものの、不満の表れには違

いありません。そんな後輩の気持ちは察してあげるべきでしょう。

また、最近では、相手の言葉に対する大げさな相づちという意味もあります。

もし、あなたが弁護士を目指していて、司法試験を突破したと仮定しましょう。そんなときに友人が「マジ?」と言う場合、真偽を確かめたいと思って問い返しているというより、オーバーリアクションで、あなたを褒め称えているケースが多いのです。つまり、「マジ?」という言葉がびっくりして相手に問い返す言葉から、いつしか相手のことを評価する言葉に変化したんですね。

あなただって、大した話でもないのに「マジかよ?」と大げさに反応されると、なんとなく話が盛り上がった気になりませんか? そんな不思議な力が「マジ?」にはあります。

そんな「マジ?」を口ぐせにする人は、サービス精神旺盛な人。一緒に話を盛り上げ、会話を楽しみましょう。

傾向と対策

話を盛り上げようとするサービス精神旺盛な人が多い。一緒に会話を楽しもう

あいつは器じゃないよ

部下の失敗をカバーするのが上司の役目。それなのに、失敗してしまった部下に対して「俺は関係ないぞ。お前の責任だからな」などと言ってしまえば、部下同士の会話のなかで、次のような会話が繰り広げられることになります。

「あいつは部長の器じゃないよ、まったく」

「ほんと、小さいよな。器じゃないね」

このときの「あいつは器じゃないよ」は、客観的に上司の能力を観察したうえでの発言です。その点で、言う側は冷静な判断の持ち主ともいえます。一見すると、この言い回しには〝上から目線〟が入っているように感じられますが、そうとも言い切れないことが分かるのではないでしょうか。

では、「器じゃないよな」と聞かされた側は、どのように反応すればいいのでしょうか。

冒頭のように「ほんと、小さいよな。器じゃないね」と同調したい気持ちもわかりますが、それでは上司に対する悪口大会になってしまいます。言いだしっぺは、少々興奮状態にあります。そこで、相手の気持ちを落ち着かせるため「今回の件に限って言えば、そういう部分もあるかもね」と、少し和らげる言い方をするのがベストです。そうすれば「お前、大人だなー」と感嘆の目で見られるかもしれません。

注意したいのは、敵意の気持ちを込めて、この言い回しを使っている場合です。例えば、同僚の一人が栄転すると聞いて……。

「あいつは器じゃねーよ」――。もし、こうこぼしている人がいれば、それは客観的に同僚の能力を観察したうえでの発言とはいえません。「俺よりも早く出世しやがって」という嫉妬からくる敵意と見て取れます。

このときは「あいつの頑張りの結果だよ」と冷静な意見を述べて、相手を諭すべきです。

傾向と対策　客観的に観察したうえでの発言の場合と明らかな敵意を持っている場合が。後者の場合は、相手を諭す発言をしたい

ウケる〜

「その噂話バカバカしいよね、ウケる〜」

友達との会話で、何か面白いことがあったときのリアクション。もともと「ウケる」は業界用語でした。芝居などで「客から拍手や喝采をうける」という意味から来た言葉で、「評判である」という楽屋言葉が広まったもの。次第に「面白い」という言葉として使われるようになりました。

こうした例はたくさんあります。特にテレビの影響で、一部の業界用語だったものが一般の視聴者にも一気に広まりました。「ドタキャン」「ダメ出し」「打ち上げ」「ありもの」「時間が押す」なども、もとは業界用語です。「ウケる」は漫才師などの影響も大きかったでしょう。

ただし、興味深いのは、一般の人々が使うようになって少しずつ意味が変化してきたことです。「ウケる」は「評判である」から「面白い」へ、そして最近ではちょっとからかい気味の「面白い」に変わってきています。

「あの人のファッション、結構ウケるよね」

こう言ったら、ちょっとズレてると半分バカにしているようなもの。さらに、たいして面白くないものにも、「ウケる〜」と言うようになっています。このあたりは、柳原可奈子のネタではもうお馴染みですね。女子高生やOLが、何に対しても「ウケる〜」を連発するのは街でもよく見る光景です。

つまり、若い世代ほど、最初にあった褒め言葉としての意味が薄れています。「あなたの話って、ウケる〜」と言われても、喜ぶのは禁物です。

傾向と対策

単純に「面白い」と褒めるケースだけではない。こう言われても、喜ぶのは早い。バカにされている可能性もあり

6章

chapter6【口ぐせ編】

持ち上げ・気遣い系の口ぐせ

いつも他人を思いやって行動している人は、他人を持ちあげたり、気遣ったりする口ぐせを多用します。

「完璧だ」「なるほど」など11個の口ぐせを見ていきましょう。

完璧だ！

「こういうアイデアを考えたのですが、どうでしょうか？」と、上司などに切り出すと、「良いか」「悪いか」を通り越し、こう断言しちゃう人がいます。

「完璧だ！」――。

世の中には完璧なものは、それほど存在しません。それだけに、滅多に使う言葉ではないはずです。言われた側は、悪い気持ちはしないものの、内心では「本当にそう思っているのかな？」と勘ぐりたくなります。

この言い回しを使う人は、主に二つのタイプに分かれます。

一つは、プライドが高く、自分に自信を持っているタイプ。「完璧だ！」と言うことによって、「私の言うことに間違いはない」「私を信じてほしい」ということをさりげなくアピールしています。

本気で「完璧」と思っているかどうかは別にして、周りへの影響を考え、つい大げさに言ってしまうのです。そんな人の場合、「完璧」という言葉は、それほどの重みはありません。単なる褒め言葉だと受け取っておけばいいでしょう。

もう一つのタイプは、完璧主義者です。「これは完璧だろうか？」と、自分の判断を絶対基準に、完璧かどうかをいつも気にしているため、無意識に口にすることが多くなるというわけです。

この場合は、少々厄介です。自分の判断に自信を持っているため、彼が「完璧ではない」と判断したものに対しては受け入れを拒否したがります。そのため融通が利きません。

そんな完璧主義者ほど自尊心が高く、攻撃的な性格が多いもの。もし、彼が完璧と判断した事柄に反論する必要があったら、相手の自尊心を傷つけないよう、オブラートに包んだ言い方をしたほうが無難です。

どちらにしても、「完璧」という言葉を使う人はプライドが高い人。取り扱い注意の言葉と言えます。

傾向と対策
プライドが高い人が使いたがる口ぐせ。
言われた場合は、基本的には褒め言葉と捉えて構わない

さすが○○は違うねー

「昨日さ、合コンで一人の女の子といい感じになってさ」などと話した相手に対し、こう切り返す人がいます。

「さすがイケメンは違うねー」――。

ほかにも「さすが育ちがいい人は違うねー」など、使い方はいろいろですが、言われた張本人は、ちょっとイラッとした気持ちになります。この言い回しには、相手に対し「まあまあ、そんなに自慢するなよ」というニュアンスが含まれています。そのため、言われた側は茶化された気持ちになり、イラッとするのです。

しかし、このケースでは、その原因は言われた側にあるのです。冒頭の発言も〝自慢話〟なわけですから。ただし、この口ぐせ自体には悪意はありません。本気で相手をけなすつもりでなく、挨拶程度のコミュニケーションであることがほとんどです。言われた側は「ちょっと自慢し過ぎだな」と心の中で反省しておきましょう。

しかし、稀に嫉妬心や敵対心まで入り交じっていることがあります。例えば「さすが東大出は違うねー」と言った場合は、その事実を素直に認めたくないという心理が働いていることも考えられます。その結果、つい茶化したような言葉になってしまうのです。

その場にいない第三者に対してこの言い回しを使う場合は、特にその感情が出やすくなります。友達同士の会話で他人の噂話になり、「○○さんて東大出なんだって」「さすが東大出は違うねー」と言ったときは、嫉妬心や敵対心が含まれていることが多いといえます。

こんな人は、かなり自尊心の高いタイプ。常に相手に負けたくないと思っているため、相手が自分より上の場合もすぐに張り合ってしまう。そこで、ちょっとひがんだ気持ちがこの言葉に表れるわけです。しかし、当事者がいないところでの悪口です。もし、あなた自身が使う傾向にあるならば、今すぐ反省を！

傾向と対策

相手の自慢話に対して茶化したいときに使うケースが多い。言われた側にも原因があるので、自慢話はほどほどに！

悪くない

会議の場面で、部下が自分の考えを発言した後、おもむろに上司が口を開く。

「そのアイデア、悪くないね」——。

よく耳にする言葉ではないでしょうか。否定されているわけではないので嫌な気持ちはしない。でも、素直に「良い」とは言われないので、どこか心に引っかかるような……。しかし、あんまり気にする必要はありません。

一般的には、「悪くない」は「おおまかには良い」という意味。冒頭のケースで言えば、上司は部下の発言に賛同していると考えてＯＫです。少々クセのある言い方のため戸惑いがちですが、気にすることなく自分のアイデアを推し進めていけばいいでしょう。

ただし、なかには、積極的に賛成したくないという意味でこの言葉を使うケースもあります。本音では「やや悪い」と思っているものの、それをそのまま言ってしまうと、相手を傷つけてしまったり、風当たりが強くなってしまう。そこで、このような婉曲な言い回しをしてくるのです。

特に「悪くはない」と「は」を付け足した場合は「やや悪い」と考えていいでしょう。

そんな人には、つい「良いか悪いかはっきりしてほしい」と問いたくなるものですが、それはNGです。相手はあなたを気遣い「悪い」と言うのを避けているのですから、それを察してあげるべきです。言いにくそうにしているけど、「やや悪い」という意味なんだと。

なお「やや悪い」と判断したら、修正のきく範囲なのか、一から考え直したほうがいいのかを判断をする必要があります。

この場合は、こちらからへりくだって、「僕のアイデアが良くなかったです。すいません。どのように直していけばいいでしょうか」と聞いて、具体的な修正点を聞き出していきましょう。

傾向と対策

「やや悪い」と思いながら、あなたを気遣っている可能性も。
それを察して対応すべき

釈迦に説法なんですが

相手とは異なる意見をあえて話さないといけないとき、こんな言い回しを使う人がいます。

「釈迦に説法なんですが、敢えて反論を申しますと……」――。

「釈迦に説法」を言葉どおりに訳せば「あなたはお釈迦様のように知り尽くしているし、立派なことをおっしゃっているのは重々承知している。でも、そんなあなたに敢えて言わせていただく」という意味になります。

つまり「今から反論はしますが、相手は自分より目上と理解しており、敬う気持ちは忘れていません」という気持ちが「釈迦に～」という言葉になって表れていると言えます。上司でも、特に尊敬している上司に向かって、使う傾向にあります。

控え目な表現であり、ある程度の教養も感じとれます。この言い回しを使う人は、社会人としてマナーが備わっていると見ていいでしょう。

それだけの気持ちを持って発言しているのですから、言われた側は、きちんと耳を傾けてあげるのがマナー。途中で声を荒げたりすれば、相手は「尊敬していたのに……」と失望してしまう可能性が高いので要注意です。

ところが、相手を挑発するために、この言い回しが使われることがあります。特に、同僚レベルに「釈迦〜」と発言した場合は、まず挑発と見ていいでしょう。「いつも立派な発言をしているけど、大したもんじゃないだろう」という挑発です。挑発を受けた側にしてみれば「このヤロー」と思うところですが、ムキになってはいけません。相手は最初から論争を厭わない攻撃的な人。その一言をきっかけに、感情的なぶつかり合いになる可能性もあります。ここは下手に出るのが一番です。「あなたのおっしゃることもごもっとも。でも、こんな考えはどうでしょうか」と答えておけばいいのです。それこそ、孫悟空を手の平に転がした「釈迦」になった気分で。

傾向と対策 相手を敬う気持ちがほとんどだが、稀に挑発しているケースも。ムキにならず、軽くいなそう

後学のために聞いておきたいんだけど

部下が上司に対して「後学のためにお聞きしたいのですが、私に今足りないところはなんでしょうか？」と質問するケース、ありますよね。

辞書で調べると「後学」とは「将来、自分のためになる知識や学問」のこと。この部下は、自分のレベルアップのために上司に質問していることがわかります。

「後学の」など、堅苦しい表現を使っているため、言われる側は「嫌味か？」と少しいぶかしむかもしれませんが、その言葉に謙虚さが感じられれば、素直に受け止めてあげるべきです。部下の願いどおり、足りない面を丁寧に説明してあげようではありませんか。

しかし、質問された側のほうが「地位が低い」場合は、要注意です。普通、この言い回しは「地位が高い」人に向けて使うものです。もし上司が部下に対し、この言い回しを使ったらどうでしょうか？

ある仕事場。上司・鈴木の度重なるトンチンカンな意見を無視して、プロジェクトを進めている部下・佐藤に対して……。「おい佐藤君、後学のために聞きたいんだけど、そういう仕事の進め方が、今のトレンドなのかな？」――。

ドロドロした嫌味が伝わってきますよね～。そして挑戦的な態度もはっきり見えます。この上司は、このあと批判的な言葉をつないでいくことでしょう。「そもそもキミのやり方はなぁ……」といった具合に。

では、この場合はどうやりすごせばいいのか。怒りを持っている相手に反撃を試みても、時間の無駄です。「すいません。鈴木さんの言葉を参考にしたつもりだったのですが……」などと、頭をかきながらサラリと返せばいいでしょう。

なお、あなた自身がこの言い回しを多用している場合は、相手に「嫌味」と取られている可能性があることを肝に銘じておくこと。素直に「教えてください」と言った方が無難です。

傾向と対策

堅苦しい表現だが、多くの場合、自分のレベル向上のため質問している。嫌味と捉えず、丁寧に答えてあげよう

なるほど

「阪神が優勝できないのは監督の采配のせいだよ」

「なるほど」

「リリーフ投手の使い方がなってないよ」

「なるほどね」

「それと代打を出すタイミングも最悪」

「なるほど」――。

人の発言に対し、自分の意見を言うわけでもなく、ただ「なるほど」「なるほどね」を繰り返す人がいます。普通､同じ言葉を返し続ければ「ほかの言葉も言った方がいいよな」と自己反省をするものですが、この言葉を多用する人は、まったく意に介さず使い続ける傾向にあります。その理由は〝うなずく〟のと同じ気持ちで「なるほど」と言っているからです。うなずく回数を気にしない人は多いですよね。それと一緒で「なるほど」の回数も気にしていないのです。

では、なぜ首を上下に振るだけではなく、口に出してしまうのでしょうか。それは、無意識のうちに相手を持ち上げようとしているから。「もっとしゃべってください」という気持ちが「なるほど」という言葉になって表れているのです。そこには悪意はありません。したがって、言われた側は「おれ喋り過ぎかな」などと思う必要もなく、気の向くままに話し続けて問題ないでしょう。

ただし、この言葉を多用し過ぎている人は少々注意を！　あまりにしつこいと、話している側は「さっきから『なるほど』しか言ってないじゃん！」という気分になり「俺に対する嫌味か？」と捉える可能性があります。よいしょするにも、ほどがあることは覚えておきましょう。

この言葉は一度口から出ると、その後も反射的に使ってしまいがちです。言う必要のないときには、うなずいたり、あるいは自分の意見を挟み込むなどして、相手が気持ちよく話せるように配慮していきましょう。

傾向と対策　無意識のうちに相手を持ち上げようとしているため、あまり気にする必要はない

いい意味で

「あいつ（同僚A）は部下を叱る頻度が多いなぁ」

「ちょっと調子に乗っているんじゃないか」

「最近、表彰受けて、自信過剰になっているんだよ」――。

同僚Aについて、三人のビジネスマンが批判をしています。このままではどんどん悪口がエスカレートしていきそうです。そんな会話のなかで、次のような発言をする人がいます。

「でもいい意味で、あいつは〝熱血漢〟だよ」――。

なぜ、この人はこのようなフォローをしたのでしょうか。それは次のような心模様があったからと考えられます。

「ちょっとAに対する批判一辺倒だな。これじゃAが可哀想だ……」

そこで〝いい意味で〟という言い回しを使って、Aのいい面を伝えているのです。この発言により、それまでの批判の濃さは薄まり、全体のバランスが取れる

ようになります。二人のビジネスマンも度が過ぎたと反省するはずです。

この言い回しを使う人は、物事を冷静に観察できる人間です。他人の言動に惑わされない強く優しい心の持ち主でもあります。正義感も持っています。

会話をしているなかで、誰かが「いい意味で」という言い回しを使ったら、自分たちの言動に行き過ぎた部分はなかったのかを振り返るべきです。もし行き過ぎていたら、言動を改めてください。

傾向と対策

批判一辺倒の状況を変えようとしている優しい心の持ち主。
批判を口にしていた人は、自分の言動を反省すべし！

ノリノリじゃん！

元気な人を見ると「最近、ノリノリじゃん！」、仲のよいカップルを見ると「あいつらラブラブじゃん！」、驚くことがあると「スゲースゲー！」、うまくいくと「やったやった！」――。

こうした同じ言葉を繰り返す人、いますよね。あなた自身も日常的に口にしているのではないでしょうか。

こうした反復言葉は、会話をリズミカルにする効果があります。テンポのいいリズムは、気分をハイにする力を持っており、反復言葉を耳にすると、どこか明るい気持ちになります。

リズムのいい反復言葉は脳を刺激して、やる気をアップさせる効用もあります。

例えば、クライアント先から修正を依頼され、いやーな雰囲気が漂っているとき……。

「おいみんな、バリバリやっちゃおうぜ！」――。

こんなふうに張りきっている人がいると、何となく周囲のボルテージもアップしていきます。皆さんも「ほらほら、しっかりしっかり!」と言われれば、単なる「しっかりしろよ」よりもやる気がアップしませんか?

このように反復言葉には、人生を前向きにする力があり、日常会話のなかでは、欠かせない言い回しといえます。

ただし、会話の中でやたら連発すると、〝軽薄な印象〟を与えてしまうので要注意です。

また、いい大人には相応しくない反復言葉もあります。部長が「イケイケ」「マジマジ」「ノリノリ」なんて言ったら、どうですか? 尊敬の対象にはならなくなりますよね。

責任のある立場にある人が安易に使うと、反復言葉はかえってヒンシュクを買うだけだということも、知っておきましょう。

傾向と対策

リズムのいい反復言葉は周りを明るくさせる! ただし自分の立場をわきまえて使わないとヒンシュクを買うことも

いいですよ

「長友君、この仕事やってもらえるかな」

「いいですよ」――。

普通であれば「はい」と答えればいいところを、なぜか「いいですよ」と返す人がいます。

その心情は「いいですよ」と答えた相手によって変わってきます。

まず、その相手が「申し訳ないんだけどやってもらえるかな?」という気持ちを持っている場合は「いいですよ」という言葉を丁寧語として捉えて、使っています。「心配しないで大丈夫です。私は喜んでやります」という気持ちがあると言えます。

一方、やや同僚に近い上司に使う場合は「ちょっとやりたくはないんだけど、あえて受け入れようと思います」ということを胸の奥に秘めている可能性があります。

丁寧語でいかにも相手を敬っているように見せかけて「本当は、ちょっといやなんだよなー」という思いをオブラートに包み込んでいる感じです。もっと言えば「サービスでやるんですよ。今回だけにしてくださいね」とクギを刺しているとも言えます。

ところで、この言い回しを絶対に使ってはいけない相手がいます。それは直属の上司です。こんな人に「いいですよ」と言ってしまえば「お前のその返事はなんだ！」と猛烈に怒られるのがオチです。前述の例は、やや同僚に近い上司だから許されるのです。

あなた自身が「いいですよ」という言葉を使う傾向にある場合は、たとえ丁寧語としてイメージしていても、相手に「嫌がっているのかな」というニュアンスが伝わる可能性のあることは覚えておくこと。もし不安であれば、使うのは控えたほうがいいでしょう。「はい」と言えば、済むのですから。

傾向と対策

やや同僚に近い上司に使う場合は「ちょっとやりたくない」という気持ちが出ている可能性が

すごーい

「俺さ、バイク買ったんだよ」

「すごーい」

「でさ、ツーリング行ったんだ」

「すごーい」

「江の島まで行っちゃったよ」

「すごーい」――。


このまま永遠に続きそうな気配なので、ここで打ち止めにしましたが、本当に多いですよね、「すごーい」を連発する人。特に、感情豊かな若い女性が好んで使う口ぐせと言えます。

「すごーい」を連発されると「ホントにすごいと思っているのかな?」と頭をかしげてしまいますが、この女性は、心から「すごーい」と思っています。ただし、あくまでも、その女性にとって「すごーい」のであって、ほかの人から見れば「全然すごくなーい」ことも多いのですが……。

この「すごーい」を連発する女性は、相手を持ち上げたい気持ちも少し入っているのは事実です。特に異性に対しては「自分のウケをよくしたい」という気持ちから「すごーい」を連発する傾向にあります。

それだけに「すごーい」の連射攻撃を受けても「うるさいなぁ」と思ってはダメ。その女性は相手を持ち上げたい気持ちを持っているのです。そんな心情を踏みにじるのは、人間として恥です。ちゃんと受け止めてあげましょう。

ただし、この「すごーい」を男性が連発するのはご法度です。へりくだって、相手に手をもんでいる姿が見えてしまいまうからです。あまりに連発していたら、注意してあげることも大切です。

この頁では、あえて「すごーい」という言葉を連発してみました。どうでしょうか？「12回も出てきた！」――。え、数えていたんですか。すごーい！

傾向と対策

感情豊かな若い女性が、すごいと思って発する言葉。
相手を持ち上げたい気持ちも！ ちゃんと受け止めてあげよう

それって〜じゃない？

人が言ったことに対して、単純に相づちを打つのではなく、疑問形で答える人がいます。

「うちの会社、とうとうリストラが始まってさ」

「それってヤバくない？」――。

本来なら疑問形にせずに言っても会話は成立します。でも、そう言ったとしたらどんな感じを受けるでしょうか？

「うちの会社、とうとうリストラが始まってさ」

「それってヤバイじゃん」――。

断定的な口調のため、いきなりシリアス度が一気に上がってしまうでしょう。相手も「客観的にみると、うちの会社ってそんなにヤバいのか」と、引いてしまうかもしれません。そんな状況を避けるため、疑問形によって表現をソフトにしているのです。相手を傷つけまいとする気遣いがある人と考えていいでしょう。

こういう使い方は、今に限ったことではありません。疑問文で表現をやわらかくするのは、日本語の代表的な特徴の一つ。しかも、本音もきちんと伝えることができます。人づきあいを円滑にし、物事を穏やかに進めたいという気持ちの表れとも言えるでしょう。

「オレ、これからどうしたらいいと思う？」

「いろいろあっていいんじゃない？」

こう言われると、何とかやっていけそうな気がします。断定しない事によって、いろいろな可能性まで広がります。あなたを気遣う友人がいると思って、大切にしましょう。

傾向と対策

相手を傷つけまいとする気遣いがある。
その気持ちを察して、友達づきあいを深めよう

7 章

chapter7【しぐさ編】

神経質系
のしぐさ

一見何でもないように見えるしぐさを観察していくと、
その人の性格がはっきり見えてきます。
まずは 13 個の神経質系のしぐさから見ていきましょう。

鉛筆を回す、噛む

上司や重役まで列席した重要な会議。目の前には分厚い資料が並び、厳かにページをめくっていく。しかし、そんなときに限って、手にした鉛筆をくるくるくるくると、せわしなく回し続ける人がいます。

なぜなら、鉛筆やペンを回すというしぐさは、緊張したときに出やすいクセなのです。

人は緊張すると、ストレスを発散しようと背伸びをしたり、大声をあげたりするものです。スタート直前の陸上選手や、コンサート前のミュージシャンなどがいい例です。しかし、じっとしていなければならない状況の会議ではそれができません。緊張だけが高まっていきます。そのため、あまり目につかない手元だけを動かし、ストレスを発散しようとするのです。

恐らく、本人も無意識にやっていること。そんな人は相当緊張しているのだと察して、「まあ、いつもどおりやろうよ」と、リラックスするような一言をかけてあげるといいでしょう。

また、無意識に鉛筆を噛んでしまう人もいます。

この行為をする人は、何かに対し怒っている可能性があります。なにかむしゃくしゃしたことがあり、鉛筆を噛むことで怒りを発散しているのです。「モノを噛む行為って、ちょっと子どもっぽいのでは?」と思うかもしれません。が、言葉でうまく怒りを表現できないからこそ、そんな行為に及んでしまうのです。少々大目にみてあげましょう。

ただし、この怒りがさらにひどくなると、自分の爪を噛んだり、指を傷つけたり、自傷行為に及んでしまいます。そうならないよう、そんな人に対しては怒りを鎮めるよう配慮してみてください。

いずれにしても、人の感情は手先に表れやすいもの。普段から注意してみると、人間観察にも役立ちます。

傾向と対策
回すのは緊張感、噛むのは怒り。
手先を観察して、その心理を察しよう

立ち話の態度

例えば、道でバッタリで友人に出会い、軽い立ち話のつもりが、ついつい話が長引いて……。そんな時に、相手のポーズによって、どんな気持ちでいるか想像することができます。

まず、会った時のままに、きちんと姿勢を維持する人。

これは、忍耐力も持久力もあるタイプです。いきなり道ばたで会話するというのは、予定外の行動ですが、それでも平常心を失わず冷静でいることができる状態。心に余裕を持った人と言えるでしょう。そこまで付き合ってくれるなら、急ぎの用もないと考えられ、もう少し話していても大丈夫でしょう。

次に、ポケットに手を入れたり、髪を触ったり、やたら手を動かす人。

やや気の短いタイプで、既に話に飽き始めています。感情は手元に表れやすく、落ち着きがなくなると、やたらと手が動きだします。あなたの話に興味がなくなっているのですが、それを悟られまいとしているようです。と同時に、早く話に飽きていることを気づいてほしいというイラダチもあり、無意識に手でサインを送っています。もしかすると、他に大切な用事があるのかもしれません。そろそろ潮時と思って、話を切り上げましょう。

最後に、左右に体重を移動しながら何度も姿勢を変える人。

集中力が途切れがちなタイプで、もはやイライラ度は限界に達しています。早く立ち話を終わらせたい、この場を早く立ち去りたいという気持ちが先走っているので、体全体が逃げ腰になっています。それでも、相手がいっこうに気づいてくれないと、諦めモードに入り、緊張感も失われていきます。恐らくそこで話した内容など、ろくに覚えていないでしょう。こうなったら、逆に可哀想です。すぐに立ち話から解放してあげましょう。

どこまで持久力があるのか、どこまで飽きっぽいのか、立ち話を観察することで、ズバリ見えてくるのです。

傾向と対策

立ち話のポーズは三者三様。どのタイプか観察して、対応してみよう

ケイタイを手放せない

ひところに比べ、街中でケイタイに向かって大声でしゃべる人は見かけなくなりました。10年以上前なら、ケイタイそのものが珍しく、自慢気に話す人は多かったものですが、国民のほとんどにケイタイが普及し、使い方もマナーも浸透してきたためでしょう。

それでも、まだ電車の中で話している人はなくなりません。仕事の用事で不意にケイタイにかかってくるケースはありますが、「移動中なので、後でこちらからかけ直します」と一言いえば済む事。そのまま話し続けている人は、よほどの急用なのか、あるいは周りが見えないジコチューな性格かどちらかと言えます。あなた自身がこんな行動をしているのであれば、小声であっても周りにちょっとずつ迷惑をかけていると考え、今後は控えたほうがいいでしょう。

また、最近目立って増えてきたのが、いわゆるケイタイ依存症。特に女性に多いと言われています。

友達に会う時はもちろん、旅行に行く時、スポーツする時、コンビニに行く時、お風呂の中やトイレの中まで、四六時中ケイタイを手放せないという人です。誰しも便利なケイタイは持ち歩きたいと思うものですが、家の中でまで肌身離さず持ち、常に会話やメールをするようになったら、ちょっと行き過ぎ。依存心の強い人と言えます。

そんな人は常に誰かと繋がっていたいと考え、ケイタイは自分と世界を繋ぐ唯一のツールと考えがち。少しでも手放すと不安になり、不機嫌になります。これがひどくなると、自分が打ったメールの返信が遅いという理由だけで、ケイタイを投げつけて壊すなど、感情が抑えられなくなってしまいます。

そこまでではなくても、プチ依存症の人は結構多いのではないでしょうか。もし友人がそんな傾向にあるのなら、「会話している時はケイタイに出ないのが社会人としてのマナー」などと教えてあげたほうがいいでしょう。

傾向と対策　ケイタイ依存症になる前に、「社会人のマナーだから」と言って過剰な使い方はたしなめよう

食事の仕方

食事は人間の欲求を満たすものです。好きなものを先に食べるのか、最後まで取っておくのか、あるいは速度が早いか遅いかで、欲求の強さが明らかになっていきます。

食事の仕方は、主に三つのパターンに分類することができます。

一つめは「好きなものから早食いの人」。こういう人は、見るものすべてが欲しくなってしまうタイプ。

一度欲しいと思ったら、絶対に手に入れるまで、諦めません。しかも執着心も強く、自分のものは誰にも奪われたくない気持ちも強く持っています。もし、隙を突いて、その人の好物を横取りすれば、間違いなく大声で「ふざんけんなよ！」と怒りをあらわにすることでしょう。絶対に、そんなイタズラをしてはいけません。

二つめのパターンは「どれもまんべんなく普通の早さで食べる人」。こういう人は、絶対にこれでなくてはダメというような執着心はまったくありません。たとえ欲しいものがあっても、手に入らないと思ったら、驚くほどあっさり諦めるタイプです。

だからこそ、好きなものを先には口に入れないわけです。「これ食べたいなぁ」と言えば、たとえ好物だったとしても「あげるよ」という心の大らかさも持っています。

三つめは「好きなものを後回しにしてゆっくり食べる人」。これは、もうマイペースです。人が何と言おうと、自分が興味のあるものだけに執着するタイプと言えます。

人気や流行にも左右されず、本当に自分が欲しいと思ったものを見つけ出していきます。そして狙ったものは時間がかかっても、最終的に確実に手に入れる人です。

傾向と対策

好きなものから早食いする人は、執着心が強い。見るものすべてが欲しくなる傾向がある

カップを両手で持つ

コーヒーショップなどで、両手でカップを持つ人をたまにみかけます。高級なカップであれば、落とさないためと見て取ることもできますが、安価なカップでも両手で持つのは、どんな気持ちの表れなのでしょうか。

まず、考えられるのが「おびえ」です。気の弱い人が、何か嫌なことが起きそうで不安を抱いている場合、無意識のうちに両手で持ち、自分の身を守ろうとしている可能性があります。現時点で嫌なことが起こっている場合も、このようなしぐさをします。

もし、同伴者がこのようなしぐさをしている場合は、やさしい言葉や態度で「大丈夫だよ」と不安を取り除いてあげましょう。そうしたフォローを相手は待っていると見て間違いありません。

ただし、不安感ではなく「単に寒くて両手を温めたいだけ」ということもありえます。「不安なんてないよ！」と笑われないためにも、相手の表情などをチェックしたうえで行動に出てくださいね。

ちなみに、膝を抱えて座るのも不安の表れといえます。小さくまとまることで、自分の身を守っているわけです。

もう一つ「頑固者」も両手でカップを持つ習性があります。

両手で持つことで、その周辺にはバリアが張り巡らされ、立ち入るのが難しくなります。「自分の懐に入らないでほしい」という気持ちをしぐさであらわすメッセージといえます。表情をみて強気のオーラを感じたのであれば、こちら側といえるでしょう。

両手という点では「頬づえ」を付くというしぐさもあります。

一見、不安を抱いているようなイメージもありますが、これは「物事を考えている」ときと見た方がいいでしょう。もしくは「心が満たされていない」状態の可能性もあります。

傾向と対策 何かしらの不安を抱いている人が、自分の身を守ろうとするためのしぐさ。やさしい対応を！

突然の反応

皆さんも、同僚や友人の背後をまわり、ちょっと脅かすつもりで背中をポンとたたいた経験、一度くらいはありますよね。そのときの反応は、人それぞれではないでしょうか。

実は、背後からやってきた誰だかわからない人への反応は、自分の心の壁の高さに左右されると言われています。そこからその性格をチェックすることができるのです。

まず「ワッ！　と大声を上げる人」は、とても素直な人です。クヨクヨ悩むことも少なく、おおらかな人とも言えます。対人関係では駆け引きをすることを好まず、ストレート勝負が大好きです。

一方で「無表情のままゆっくり振り向く人」もいます。

こういう人は、感情を表に出すことが不得意。物事に対して消極的な人と言えます。人に対して、甘えたい願望も持っているのですが、それをうまく伝えられ

ずにいます。

ここまで2つのパターンを見てきましたが、もう一つ「サッと素早く振り向く人」もいます。

これは警戒心の強さを表していると言えるでしょう。

自分の弱い部分を相手に悟られたくないため、サッと素早く振り向くのです。そのため感情も抑えがちで、他人に甘えることは好みません。この点で、少々孤高の人と見ることもできるでしょう。

傾向と対策

ワッ！と驚く人は、素直な人。
無表情のままゆっくり振り向く人は、物事に対して消極的かも！

人と一緒に歩くリズム

人によって歩くスピードは異なってきます。そのため二人で歩く場合は、お互いが気を遣うことになります。

相手はあなたよりも速く歩くのか、遅く歩くのか、あるいは一緒に並んで歩くのか。そこから性格が見えてきます。

まず「あなたよりも速く歩く人」は、とにかくせっかち。あまり心にゆとりはない人です。あなたのスピードを考慮しないという点で、相手の気持ちを察したり、状況を気遣うことが苦手と言えます。

反対に「あなたよりも遅く歩く人」は、その相手に嫌われたくない気持ちを抱いています。

自分に自信がないのか、遠慮深いのか、積極的に前に出ていくことができません。気遣いし過ぎるタイプといえます。本人は相手に気を遣っているつもりでも、受け手側は、その態度が重荷に感じることもあります。

一方、「一緒に並んで歩く人」は、柔軟性があり、いつでもその場の状況に適した行動ができる性格の持ち主。

人の気持ちを敏感に察知することができるため、相手にうまく合わせることも上手です。

ここまで人と一緒に歩くリズムから性格判断をしてきましたが、一人で歩いている状態からも、その人の性格がつかめます。「腕を大きく振る人」は、自分が定めた目標に立ち向かっていく、目標志向型タイプです。「大股歩き」も、このタイプです。

逆に「小股」「歩幅が狭い」人は、焦りや不安を持っている可能性があります。何か問題に直面しており、早く解決したいという気持ちが、歩き方となって表れています。そのほか「後ろ手に組んで歩く人」も、どこか悩みを抱えている状態と言えるでしょう。

傾向と対策

あなたよりも速く歩く人は、心に余裕のないせっかち人間の可能性あり。遅く歩く人は、気遣いし過ぎる傾向がある

視線を合わさない

今日は年に五回の社員面談の日。部下を会議室に呼び、自分の前の席に座らせ、こう上司が問いかけます。「最近は、どんな気持ちで仕事に取り組んでいますか？」。その質問に対して部下は「はい、スピードアップを命題にやっています」と真剣に答えています。しかし、なぜか視線は一切合わさないまま――。

実は、人と目を合わさない、もしくは合わせられない人が、近年、増加し続けています。

視線を避ける背景には、通常、好き嫌いが関係しています。相手が嫌いとなると、嫌いだという感情をきちんとコントロールして接することができず、無意識のうちに視線を避けてしまうのです。

冒頭の部下は、その上司が苦手なのかもしれません。我慢して視線を合わせることがどうしてもできないのです。

とはいえ、直さない限り、ビジネスの世界を渡り歩いていくのは困難。上司は

「ちゃんと視線を合わせて話すべきだよ」と諭す必要があるでしょう。

しかし稀に、対人恐怖症によって視線を合わせられない人もいます。その場合は、前述のような諭す行為は、かえって相手の恐怖感を助長させてしまう結果になるので、絶対に行ってはいけません。

こういう人には、できるだけ穏やかに接して、自分は仲間なんだということを示してあげることが大切になります。とにかく威圧的に接しないことです。怖いという印象を与えたら、相手はますます心を閉じてしまいますから。

一方、ずっと視線をそらさない人は、相手に好意を示していると考えてOKですが、気が小さい人が「視線をそらしたら、悪印象を与える」という思いで、合わせ続けていることも。

そんな雰囲気を察したら、あなたから少し視線を外してあげるのもいいかもしれません。

傾向と対策

視線を避けるのは、相手を苦手と感じているから。あまりに過度であれば、稀に病気の可能性もある

机の上を指やペンで打ち続ける

会話中に机の上を指やペンなどでトントコトントコ打ち続ける。話を聞いている最中に、首をクネクネ回したりする——。そんな落ち着きのない人がいます。話している側からすれば、ちゃんと集中して話を聞いていないようで、ちょっとムッとしてしまいますよね。

こういう人は、情緒不安定で、集中力のない性格と見ることができます。この場合は、もう少し落ち着くように直接注意しなければいけません。しかし、落ち着きのなさの度が過ぎていれば、注意をするのは控えて、もう少し深く観察してください。

というのは、ＡＤＨＤ（注意欠陥／多動性障害）と呼ばれる病気かもしれないからです。ＡＤＨＤは幼少期に発症する発達障害の一種ですが、大人になっても、自分がこの病気であることを自覚していないケースがあります。薬や環境療法である程度、治療したり抑制したりすることは可能ですから、第三者がさりげなく観察してあげる必要があります。もし、度が過ぎるなと感じたら、病院に行くようにアドバイスすべきです。

ところで、冒頭で机の上をトントコ打ち続けるケースについて触れましたが、時々、とてもリズミカルに叩いている人を見かけることがあります。

「トントコトン、トントコトン、トントコトントントコトントン」――。

一見すると、落ち着きがなく見えますが、この人は楽観的でマイペースな性格の持ち主である可能性があります。自分で心地よいリズムを出して、自分の世界を作り出しているのです。それによって、自分を落ち着かせているのかもしれません。他人がうるさいと感じるかもしれない、という発想に欠けるため、少々無神経な部分はありますが、その人には決して悪意はありません。

この場合は「まぁ、そういう人もいるな」という気持ちで接してあげればいいのではないでしょうか。

傾向と対策

少々情緒不安定で集中力のない性格の可能性大。でも、リズミカルに叩く人は楽観的な人間かも！

唇をなめる

誰かとの会話中に「この人、やたらと唇をなめるなぁ」と感じたことはありませんか？　あなた自身も振り返ってみてください。会話中や一人でいるとき、唇をなめたことがあるのではないでしょうか。ありますよね。

なぜ、唇をなめるのでしょうか。

実はこの行為は、ある種の子ども返りなのです。赤ん坊の頃、不安になれば、私たちは母親のおっぱいに吸いついていました。そうすることで安心感を得ることができたからです。

これと同じように、唇をなめることで、おっぱいを吸うのと同じ感触を得ようとしているのです。つまり、この行為をしている人は、とても緊張し、あるいはかなり疲れている状態と言えます。ホッと一息つきたいために、唇をなめているわけです。

タバコを吸うのも、これに通じるものがあります。くわえるという動作が緊張感をほぐしてくれるんです。そうしてみると、喫煙者に禁煙を促すのには、タバコを取り上げるなどの荒治療よりも、こうした緊張感をほぐしてあげるのも大切なのかもしれませんね。

もう一つ、おしゃべりも、安心感を得たいがための行為である可能性があります。

話をする場合には、当然唇を動かさないといけません。これも唇への刺激の一種となり、ある意味で、子ども返りと言えるのです。

やたらと唇をなめる人は、心の奥底で「子どもに戻りたいなぁ」という願望を強く持っています。それだけ緊張した状況が苦手と言えます。

もし、やたらと唇をなめる同僚や友人がいたら、その人は緊張もしくは疲労困ぱいの状態かもしれません。手助けをしてあげたり、励ましてあげたり、あるいはリラックスさせてあげるなどのフォローをしてあげたいものです。

傾向と対策

ある種の子ども返り。緊張している人が、安心感を得るために取る行動。緊張をほぐしてあげよう

まばたきが多い

ぱちぱちぱちぱちぱち、とやたらとまばたきを繰り返す人がいます。目にゴミが入ってしまったり、眠くて仕方がない、コンタクトが合わない、あるいは長時間パソコンの画面を見続けて疲れてしまった、といった理由も考えられますが、常にせわしなくまばたきをしているのであれば、その人は、とてつもない緊張状態にいる可能性があります。

例えば、あなたとの会話中、相手のまばたきが増えたのであれば、あなたにじっと見つめられて緊張しているのかもしれません。

その人は、本当であれば、目をそらしたいのですが、人と話すときには、相手の目を見るのが礼儀だと教わっているため、その行動には移れない。そこで、目をそらす代わりに頻繁にまばたきをして、相手の視線をさえぎり、緊張を和らげようとしているのです。

もし、相手のまばたきの回数が多いと感じたら、一度あなたのほうから視線をそらすようにしましょう。

また、頻繁にまばたきをする人は、イライラとした怒りを覚えている可能性もあります。怒りはためると爆発します。そのため、まばたきを頻発することで発散しているのです。

よくまばたきをする有名人と言えば、東京都の石原慎太郎知事がいます。彼はマスコミから自分に不利な質問をされてムッとしたとき、いつも目をしょぼしょぼ動かし、まばたきをしています。

あれはまさに怒りの発散と言えます。怒りが増すごとに、まばたきの回数は増えていきます。

こういう人は決して追いつめてはいけません。相手は「私は怒っているんですよ」というわかりやすいサインを出しているのですから、周囲の人は、怒りをやわらげる努力をすべきです。

傾向と対策　相手との会話中であれば、じっと見つめられて緊張状態の可能性も。視線をそらしてあげる配慮を！

貧乏ゆすりが多い

待合室や電車、会議室などで席に座っている間、常に脚をカタカタカタと〝貧乏ゆすり〟している人をよく見かけます。

そんな人を見ると、短気で落ち着きがないという印象を抱きがちですが、実は、貧乏ゆすりをする人は〝緊張状態〟にあるのです。

イライラや怒り、不満といった精神の緊張を和らげようとして、貧乏ゆすりをしているのです。体の一部を動かすことで、その刺激は中枢神経を通って脳神経に届き、緊張をほぐします。脚を動かすのは、そのためなのです。

こうした人はデリケートな一面も持っています。デリケートな人ほど緊張しやすいからです。

この貧乏ゆすりは、意識的ではなく無意識に出てしまうケースがほとんど。もし、あなたの周囲に図太そうな人がいたら、一度貧乏ゆすりをしていないかチェックしてみるといいかもしれません。

タレントでいえばビートたけしは、貧乏ゆすりの多い人です。いかにも図太いかのような言動をしますが、実はデリケートな人なのでしょう。内心では、とても緊張しているのかもしれませんね。

このように、貧乏ゆすりは、体を動かすことによる緊張の発散であって、自分を守るための一種の手段だともいえるのです。一概に、悪い行為であるとは言い切れないのです。

ただし、話し相手に貧乏ゆすりをされると、やはり愉快な気分はしないものです。「もっと早くしゃべってよ」「話が長いよ」とせかされているようで、焦ってしまいます。

もし、あなた自身が、貧乏ゆすりをしがちであれば、できればしないように努力はすべきかもしれません。一方、相手が貧乏ゆすりをしていたら「この人はデリケートなんだな」と理解してあげましょう。

傾向と対策

精神の緊張を和らげようと、貧乏ゆすりをしている可能性がある。一概に悪い行為とは言い切れない

ひげを抜く

自分自身が嫌い。どうも好きになれない――。そういう人は、何かイライラすることがあると、ついつい自分いじめに走ります。

ひげを抜くのも、そんな自分いじめの典型例です。そのほか、まつげ、眉毛、鼻毛など「毛類」を抜くのも、一緒です。人によっては、髪の毛を抜くケースもあります。もちろん髪の毛があればのオハナシですが……。

なぜ、こうした行動を取るのかといえば、行為に逃げているのです。

実際は、単純に自分が嫌いというよりも「自分のことが好きだけど嫌い」という人が、この行動に出ます。

自分が好きだけど嫌いというのは、普段はすごくハッピーに暮らしているのに、突然「俺ってダメだ」という自己嫌悪に陥るといった人のこと。つまり、ほとんどの人に当てはまるといえるでしょう。

この「嫌いだ」と感じたときに、逃げ道として、ひげを抜いたり、眉毛を抜いたりといった自分いじめに走るのです。

まぁ、毛がなくなるほど執拗に抜いてしまったり、抜いた痕に傷が残ってしまったりすれば問題ですが、そうでなければ、あまり気にする必要はないでしょう。自分自身が嫌いといっても、常にというわけではなく、時々という程度なわけですから。

ただし、周りからは「おいおい、あの人大丈夫か？」と思われる可能性はあります。その点は注意する必要があります。できるだけ人の見ていないところで行ってください。

あなたの周囲で、この行動を取っている人がいる場合は「目につくよ」と教えてあげたほうがいいかもしれません。というのは、ひげを抜くなどの行動は、無意識にやっているケースがほとんどだからです。指摘すれば「まじ？　おれそんなことしていたの？」って驚いて、自分の行為を改めるはずです。

傾向と対策

自分いじめの典型例。自己嫌悪に陥ったときに、逃げ道として行う行為。
できるだけ人目のないところで行おう

8章

chapter8【しぐさ編】

自己主張系のしぐさ

自分自身をアピールしたいとき、人は様々なポーズをします。
「アクセサリーに触る」「腕を組む」、さらには「あごに手をやる」……。
ここでは8個の自己主張系のしぐさを紹介します。

アクセサリーを触る

話をしながら、気がつくとイヤリングを触っていたり、男性でも時計のベルトを回していたり……無意識にアクセサリーを触る人がいます。

見ているほうからすると気になるもの。どれだけ高価なアクセサリーを身につけているのか、ひょっとしてアクセサリーを話題にしてほしいのかと興味をそそられ、その手元に注意が行きがちです。

でも、相手は別にアクセサリーを自慢したいというわけではありません。その人にとって、アクセサリーを付けているのは自然な状態で、髪の毛や爪と同じように体の一部。それを触ることで安心するのです。

つまり、こうしたしぐさが出る時は、何か落ち着かない状況にあると言えるでしょう。初めての人に会って緊張しているのか、何か思い悩むことがあるのか、その理由はいろいろ。そんな人には、不安がっている状況を察し、その理由を探りながら、落ち着けるように配慮するといいでしょう。

また、ナルシスト系の人もアクセサリーを触る傾向にあります。「わたしってかわいい」「オレってかっこいい」という自負があるため、ついついアクセサリーに触って、「かわいい」「かっこいい」自分を演出してしまうのです。もっとも、あくまで無意識で行っている行為。自己主張や自己顕示欲の表れと言うほどのものではありません。

ナルシストというのも、別に悪いことではありません。自分を磨く動機になりますし、自分をより良く見せたいというのは誰にでもある気持ち。ただし、それが行き過ぎると、不快感を与えかねません。アクセサリーをやたら触り過ぎて、周りの人が肝心の話に集中できないなんてことも……。

もし、あなたがアクセサリーを触るクセがあるのなら、こんな相手の気持ちも考えたほうが良さそうです。無意識なのでなかなか難しいとは思いますが、もし気づいたなら、抑えるようにしてみましょう。

傾向と対策

不安に感じているという無意識のサイン。落ち着けるように配慮しよう

股をやたら広げる

電車の座席や病院の待合室などの公共スペースで、ときどき公共マナーに反する行為をする人がいます。よく見かけるのは、股を広げて座る男性。横柄な感じがしたり、だらしなさそうな感じがして、見ていて決して気持ちのいいものではありません。

そんな人は、見た目どおり、かなり攻撃的な人が多いと言えます。股を広げるのは強さを誇示するためで、自己顕示欲が強く、人を寄せ付けたくない縄張り意識もあります。常識が通用しないタイプもいるので、何をされるかわかりません。こんな人を見かけたら、まず近付かないこと。それが無難です。

もっとも、相撲取りやプロレスラーなどの格闘家、ラグビーなど大柄なスポーツ選手は、日頃のクセでどうしても股を広げてしまう場合もあります。標準サイズが合わないというだけなので、そのあたりは見た目で判断。酔っぱらいのオジサンがだらしなく股を広げるケースも、放っておきましょう。

縄張り意識といえば、座席の横にすぐ自分の荷物を置く人も同じような意識を持っています。喫茶店などで、店内が混んできたのにもかかわらず、荷物を隣の席にそのまま置いてスペースを確保する。これも、自分の領域を守りたいという気持ちの表れと言えるでしょう。そんな人は、股を広げる人ほど攻撃的ではないので、こちらから「そこの席、空いてますか?」と穏やかに言えば、素直に席を譲るケースがほとんどです。

公共マナー違反とまでは言えませんが、やたら足を組む人も見かけます。男性だけでなく女性にも多く見られるクセです。そんな人は「自分を守りたい」という意識があると言われています。この場合は、相手に近付いてほしくないという気持ちの表れなので、適度な距離を保って話すようにするといいでしょう。

公共スペースでのいろいろなしぐさ。そこに見られるクセは、その人の縄張り意識と関係していると考え、注意してみましょう。

傾向と対策 かなり自己顕示欲があり、縄張り意識の強い人。できるだけ近付かないほうが無難

鏡の自分を見つめる

トイレの鏡の前に立ち、自分の姿を見つめて入念にチェック。横を向いたり、振り返ってみたり、ウィンクしたり……。デートの前の身だしなみと考えれば、よくある光景と言えるでしょう。でも、普段から鏡やショーウィンドウに映る自分をやたらに見る人もいます。

そんな人は、ほぼ間違いなくナルシスト系といえるでしょう。自分の容姿に自信を持っていて、どのような角度が美しく見られるかチェックしたくなり、ついつい鏡の中の自分を見つめてしまう。ただし、身だしなみを整え、他人に好印象を与えようとしているだけなので、他人に被害を与えているわけではありません。トイレの鏡を独占されるのだけは困りものですが……。

また、最近よく見かける電車の中でお化粧をする女性も、やはり自分の容姿に自信を持っている人です。自信のない人なら、他人に自分が化粧する顔を見せようとは思わないもの。人前で化粧をする人は、ナルシスト系グループの一員と見ていいでしょう。

しかし、かなりの少数派ですが、ナルシスト系とはまったく逆のパターンで、自分の容姿に自信がないために鏡を見てしまう人もいるのです。

そんな人は、「自分は他の人より容姿が劣っているのではないか」と常に不安に思い、他人にどう見られているのか気になってしょうがない。そのため、鏡があると、すぐに自分の姿を確認せずにはいられなくなります。その想いが募ると、自分の部屋に何枚も鏡を置いたり、手鏡を持ち歩いて四六時中自分の顔をチェックするということも。

ただ、容姿が悪いというのは、その人の思い込みであることが多く、第三者から見ればフツーなケースがほとんどです。もし友人にそんな悩みを抱えている人がいたら、自信を与えてあげるのが一番です。女性なら「けっこうかわいいじゃん」、男性なら「けっこうイケてるね」。そんな一言をかけてみましょう。

傾向と対策

ナルシスト系がほとんど。被害を受けるわけではないので、特に意識する必要なし

電車のなかでの行動

いつもの通勤電車――。皆さんは「いろんな人が、いろんな行動をしているなぁ」と思ったことはありませんか。

実は、そのしぐさからも、性格を判断することができます。ここでは代表的な三つの行動パターンについて見ていくことにします。

まず「読書をする人」です。もちろん読書が好きだからという理由が一番多いのですが、なかには「ぼーっとしているのが苦手」という人もいます。無駄な時間を嫌い、常に何かをしていないと落ち着かないため、手っ取り早くできる「読書」を選択するわけです。

この場合、心から読書をしたいわけではないため、字を目で追うことに集中できず、途中で違う行動に移ることもしばしば。臨機応変に時間の使い方を編み出す人とも言えるでしょう。ケータイをいじる人もこの範ちゅうに入ります。

二つめは「中吊り広告を見る人」です。こんな人は、どのような状況下にあっても、自分の興味の対象を見つけようとする気持ちが強いといえます。好奇心旺盛で、ヒマな時間もいろいろなアイデアでいつも楽しく過ごすことができます。タレントで言えば、所ジョージのようなタイプ。こういう人は、趣味もいっぱいあるのでしょう。

ちなみに「周囲を観察する人」は、さらに好奇心旺盛と言えます。「いつでもどこでも愉快に過ごそう！」をモットーとする、時間をうまく使いこなす天性の才能を持った人です。

三つめは「眠る人」です。まぁ、疲れが溜まっているから眠るというのが一番多いのですが、忙しいときはイキイキしているものの、自由な時間を与えられると、何をしたらわからなくなってしまう人の可能性もあります。ヒマを持て余してしまう典型的なタイプ。日常生活でも、ちょっと時間の過ごし方が下手である可能性が高いといえます。

傾向と対策

中吊り広告を眺める人は、どんな状況下でも楽しみを見つける好奇心旺盛な人。読書する人は、無駄な時間を嫌うタイプかも

店の座る位置

会社の宴会が行われることになり、一同で向かった居酒屋。それぞれが自分の好みの席に座っていきます。この座席選びでも、その人の性格が見えてきます。

まず「端っこの壁側の席」を選ぶ人は、目立つことを嫌っている可能性が高いといえます。

また、全体の雰囲気を観察したい人も、ここに座ります。その結果、盛り上がっている場所が分かれば、そこに行こうと考えています。賑やかな場所に身を置くことが好きな人です。

「入り口近くの席」に座りたがる人は、三つのタイプに分かれます。一番多いのは「気配りの人」。入り口付近であれば、店員に声をかけやすいため、追加注文や会計をするときに便利だからです。

「早くその場を去りたい人」も、入り口付近に座る傾向にあります。場が盛り上がった隙に、そっと帰ろうという気持ちが見えてきますね。三つめは「トイレが近い人」。なんだと笑ってはいけません。こういう人は、トイレに立つたびに、周りの人の邪魔になることを嫌い、入り口付近に座っているのです。気配りの人とも言えるのです。

一方、「真ん中付近の席」に座ろうとする人は、自分に自信を持っている人です。自己顕示欲も強く、自分を中心に座は盛り上がると信じて疑っていません。

ところで、電車の中の座席の選び方からも性格が見えてきます。しかし、店の座席の選び方とは、少々趣が異なります。電車の場合、通常、まずは両端が埋まり、その次の人は、両端からもっとも離れた真ん中に座る傾向にあります。

これは性格うんぬんというよりも、自分のパーソナルスペース（縄張り）を守ろうとするための行動と言えるのです。

人は、自分の縄張りを侵すものに不快感を抱きます。本能的にそれを理解しているため、自然と右記のような座り方を選ぶことになるのです。

傾向と対策

真ん中付近の席に座るのは、自分に自信を持っている人です。自己顕示欲も強く、自分を中心に座は盛り上がると信じている！

腕を組む

始業時間に間に合わず、遅刻して会社に到着した部下の席に、上司がツカツカと歩み寄ってきます。そして、語気を強めて、怖い表情で「お前なぁ、いい加減にしろよ！」――。

上司が部下に説教する、こうしたシーンはよくみかけますが、このとき、腕を組んで説教をする上司がいます。

なぜ、わざわざ腕を組むのでしょうか。

「相手に威圧感を与えるため」と思うかもしれませんが、もう少し深い意味があります。

本来、両腕を胸元でがっちり組むというのは、自分を守るときに無意識に取るポーズです。

冒頭の例のように、相手に対して威圧的に振る舞うときに、腕を組むというのは、その人の内面と外面に大きな違いがあるということなんです。つまり、相手に対して大きく出ているけれど（外面）、本当は気が小さい、あるいは弱みを抱えている（内面）状態だといえるのです。説教をしている上司は、内心ではドキドキしているのかもしれないわけです。

また、考えごとをしているときにも、よく腕を組みますが、これは考えているその隙をねらわれないよう無意識に自己防衛をしているということです。

腕を組む以外に、指を組むのも、自分のエネルギーを守って内側に力を蓄えるという無意識の動作で、やはり自己防衛的な性質があります。

ところで、腕を組む、指を組むことに心理的な背景があるならば、座ったときの「足を組む」のはどうなのかと思うかもしれませんが、これは身体的な要素が強いというべきでしょう。

ずっと同じ姿勢で座っていると、疲れてしまうため、足を組んで、リラックスしているのです。

傾向と対策

腕を組むのは自己防衛のポーズ。
相手に対して大きくでているが、本当は気が小さい可能性が高い

あごに手をやる

何かというとあごに手を持っていく人がいます。あごに手をおいて考えごとをしたり、人と話しているときでも、あごに手をあてながら、しゃべっていたり……。電車のなかで、あごに手をやりながら、中吊り広告を眺めている人もいますよね。

あごに手をやる行為は、特に男性に多い傾向にあります。

男性の場合、あごにはヒゲがはえてくるわけですが、あごヒゲというのは男性の象徴と言っていい部分です。つまり、あごは男性を強調する部分。男のシンボルでもあるのです。

ついあごに手をあててしまうのは、常に自分の男っぽさを気にしているということなんです。威厳を示したり、能力を誇示したりする傾向のある人、権力指向が強い人とも言えます。

ちなみに女性でも、時々あごに手をあてる人を見かけます。これは、勝ち気で

男勝りのタイプといえます。あねご肌の人ですね。

一方、あごではなく、やたらと耳を触る癖のある人もいます。この人は「安心感を求めている」といえます。リラックスしたい気分ともいえるでしょう。

耳や耳たぶって、感触が柔らかいですよね。その感触を楽しむことで、安らぎを求めているのです。

そういう意味で、幼児性の抜けない軽いマザコン、あるいはファザコンタイプかもしれません。

傾向と対策

自分の男っぽさを気にしている人に多いしぐさ。威厳を示したり能力を誇示したい人の可能性あり

髪をいじる

自分の髪の毛をしょっちゅういじっている人がいます。指でクルクルとカールさせてみたり、かきあげたり、何度も耳にかけてみたり……。特に女性に多いしぐさですが、最近では男性のなかにも、四六時中髪をいじっている人が増えてきています。

これは「自分で自分のことを褒めている」行為といえます。

親はよく子どもの頭をなでてあげますよね。「いい子だねぇ」と。あるいは、恋人同士のカレシがカノジョの頭をなでなでしているシーンもよく見かけます。「愛しているよ」と――。

自分の髪の毛を触るのは、こうした親や恋人とのふれあいの疑似体験をしているのです。誰かにしてほしいけど誰もやってくれないから、自分でやるしかないというわけです。

髪の毛をいじる癖のある人は、子どものときに母親に可愛がられた人が多いはずです。それも、かなり過保護だった可能性があります。幼い頃から、褒められてばかりだったため、大人になっても、そのことを体が覚えており、結果として、自分自身が親代わりになって褒めているというわけです。こういう人は、ナルシストともいえるでしょう。

また、その場にいない好きな人のことを考えているときにも、このしぐさをする傾向にあります。

恋人が頭をなでてくれたことを思い出し、自分で髪の毛を触りながら、恋人のことを考えているわけです。その相手には、相当の愛情を感じているとみていいでしょう。

もし、恋人がいたら「キミは髪の毛をいじる癖がある?」と聞いてみたらいかがでしょうか。「うん、けっこういじっている」と言ったら、二人の愛は相当深いかもしれませんよ!

傾向と対策

自分で自分のことを褒めているときに出るしぐさ。幼少期、超過保護で育った可能性も!

◎監修者紹介
町沢 静夫（まちざわ・しずお）
1945年新潟県糸魚川市生まれ。68年東京大学文学部心理学科卒。76年横浜市立大学医学部卒。東京大学付属病院分院神経科勤務。86年国立精神・神経センター精神保健研究所室長就任。98年立教大学コミュニティ福祉学部教授就任。2004年町沢メンタルクリニック開設。現在精神科医、医学博士。町沢メンタルクリニック院長。日本病跡学会理事。専門：思春期・青年期精神医学、社会病理学、異常心理学、心理療法、犯罪学。主な著書に『「他人の目」を気にするのはやめなさい』（PHP研究所）『うつになる若者たち』（海竜社）『図解 大切な人の心を守るための こころの健康事典』（朝日出版社）など多数。

●カバーデザイン…小島トシノブ
●カバー・本文イラスト…小迎裕美子
●本文デザイン・レイアウト…白畠かおり
●執筆・編集協力…永峰英太郎、吉成伸久

口ぐせ・しぐさで人の心を見抜く本

監修者　町沢静夫
発行者　永岡修一
発行所　永岡書店
〒176-8518 東京都練馬区豊玉上1-7-14
代表03（3992）5155
編集03（3992）7191
印　刷　図書印刷
製　本　コモンズデザイン・ネットワーク

ISBN978-4-522-47636-9　C0176